1 MONTH OF
FREE
READING

at

www.ForgottenBooks.com

By purchasing this book you are eligible for one month membership to ForgottenBooks.com, giving you unlimited access to our entire collection of over 700,000 titles via our web site and mobile apps.

To claim your free month visit:

www.forgottenbooks.com/free355988

ISBN 978-0-260-03723-7
PIBN 10355988

This book is a reproduction of an important historical work. Forgotten Books uses
state-of-the-art technology to digitally reconstruct the work, preserving the original format
whilst repairing imperfections present in the aged copy. In rare cases, an imperfection in
the original, such as a blemish or missing page, may be replicated in our edition. We do,
however, repair the vast majority of imperfections successfully; any imperfections that
remain are intentionally left to preserve the state of such historical works.

Von den ältesten Drucken der Dramen Shakespeares

und dem Einflusse, den die damaligen Londoner Theater und ihre Einrichtungen auf diese Dramen ausgeübt haben

Eine Untersuchung vom literarischen und dramaturgischen Standpunkte

Von

Robert Prölß

Leipzig

Verlag von F. A. Berger

1905

Druck von Oscar Brandstetter in Leipzig.

Vorwort.

Die ältesten Drucke der Dramen Shakespeares enthalten so ziemlich alles, was wir überhaupt von dessen
dramatischer Thätigkeit wissen, daher sie auch allen ihren
späteren Ausgaben zugrunde liegen. Doch sind sie
nicht überall zuverlässig. Sie weichen, was dieselben Stücke
betrifft, im einzelnen vielfach von einander ab, was keineswegs nur auf verschiedenen Redaktionen des Dichters selbst,
noch auf Fehlern der Abschreiber, Setzer und Drucker zu
beruhen braucht, sondern auch auf Veränderungen beruhen
kann, die absichtlich zu Bühnenzwecken oder zu Zwecken
ihrer Verleger von fremder Hand darin vorgenommen wurden,
daher spätere Herausgeber vor die schwierige Aufgabe gestellt, einen der ursprünglichen Redaktion des Dichters
möglichst entsprechenden und dabei ganz richtigen Text
herzustellen, sich zu einer überaus sorgfältigen Untersuchung
der alten Drucke genötigt sahen. Wenn auch ich eine
solche, wennschon zu anderem Zwecke, hier unternahm,
mich aber dabei auf die literarische und dramaturgische
Seite meines Gegenstands einschränkte, so erklärt es sich
daraus, dass bei den bisherigen Untersuchungen gerade diese
Seite etwas zu kurz gekommen war, obschon sie, wie die
durchgängige Einführung der Akt- und Szeneneinteilung und
Feststellung der szenischen Örtlichkeiten in den späteren
Ausgaben allein schon beweisen, keineswegs ganz übergangen
worden ist. Die philologische Textkritik, der die Wort- und
Sinnrichtigkeit Hauptsache war und sein musste, liess es
darüber in bezug auf sie aber doch hier und da an ge-

nügender Gründlichkeit fehlen, zumal sie der dazu erforderlichen genauen Kenntnis der Einrichtungen, Hilfsmittel,
Konventionen und Gepflogenheiten der Bühnen, für die
Shakespeare seine Stücke geschrieben, meist noch ermangelte,
oder falls sie sie auch besass, sie doch, wie ich nachweisen
werde, nicht überall, wo es nötig gewesen wäre, in Betracht
zog. Dies hatte wieder zur Folge, dass auch die in den
alten Drucken enthaltenen Bühnenweisungen, obwohl sie
zahlreiche Berichtigungen und Ergänzungen erfahren haben,
doch teilweise einer genügend gründlichen Untersuchung
entbehrten, die irrigen Auslegungen und Folgerungen vor-
gebeugt hätte. Wie nötig aber beides bei einem Dichter
gewesen wäre, der, wie Shakespeare, seine Stücke nicht für
den Druck und für Leser, sondern nur für die szenische
Darstellung und für Zuschauer schrieb, lässt sich aus den
zahlreichen und meist nicht unwichtigen Tatsachen erkennen,
die ich bei Aufhellung gewisser Dunkelheiten und bei Aus-
füllung mancher Lücken, die von der Shakespeareforschung
noch zurückgelassen worden waren, sowie bei dem Nachweis und der Berichtigung verschiedener Irrtümer, mit
denen sie zurzeit noch behaftet war, auf meinem Wege zum
erstenmal ans Licht ziehen konnte und, um dem Leser davon einen raschen Überblick zu verschaffen, im Inhalts-
verzeichnisse durch gesperrten Druck hervorheben liess.
Wenn auch damit noch nicht alles erreicht ist, was hier zu
erreichen war, so glaube ich doch, die Bahn dazu gebro-
chen und ein gutes Stück Weges darauf zurückgelegt zu
haben, was mich eine wohlwollende Aufnahme des hier
Dargebotenen erhoffen lässt.

Unter den ältesten Drucken der Shakespeareschen Dramen sind, soweit sie uns vorliegen, die Einzelausgaben hier zu verstehen, die bis zum Jahre 1623 im Drucke erschienen sind, sowie die erste Gesamtausgabe von diesem Jahre, die man den Berufsgenossen und Freunden des Dichters, den Schauspielern John Heminge und Henry Condell verdankt. Die Einzelausgaben sind bis auf eine einzige, die Oktavausgabe der „True Tragedie of Richard Duke of Yorke" v. 1598, sämtlich in Quarto erschienen, daher ich sie, wie herkömmlich, auch kurzweg als Quartos, die in Folio erschienene Gesamtausgabe von 1623 aber als erste Folio bezeichnen werde.

Die Einzelausgaben enthalten, da die älteren Stücke: „The taming of a Shrew" und „The troublesome Raigne of John King of England" fast allgemein den Dramen Shakespeares n i c h t zugezählt werden, von den 36 Stücken der ersten Folio 18 Dramen in zusammen 50 Ausgaben, als: „Titus Andronicus" (1600, 1611), Heinrich VI. 2. Teil, unter dem Titel „The first part of the contention betwixt the two famous houses of Yorke and Lancaster" (1594, 1600, 1619), Heinrich VI. 3. Teil, unter dem Titel: „The true tragedie of Richard Duke of Yorke and the death of good King Henrie the Sixt" (1595, 1600, 1619), Romeo und Julia (1597, 1598, 1609 und eine ohne Jahreszahl), Richard II. (1597, 1598, 1608, 1615), Richard III. (1597, 1599, 1602, 1605, 1612, 1622), Verlorene Liebesmüh (1598), Heinrich IV. 1. Teil (1598^2, 1599, 1604, 1608, 1613, 1622), Heinrich V. (1600, 1602, 1608), Heinrich IV. 2. Teil (1600^2),Viel Lärmen um nichts (1600), Ein Sommernachtstraum (1600^2), Der Kaufmann von Venedig (1600^2), Die lustigen Weiber von Windsor (1602, 1619), Hamlet

(1603, 1604, 1605, 1611), Lear (1608²), Troilus und Cressida (1609 mit doppeltem Titelblatt) und Othello (1622).

Möglicherweise hat es aus dieser Zeit noch einige andere Einzelausgaben Shakespearescher Dramen gegeben, die dann aber verloren gegangen sein müssten. Von einer ist es gewiss, da Langbaine 1691 in seinem Account of the English Dramatick Poets über eine solche des „Titus Andronicus" von 1594 berichtet hat. Sie war also zu dieser Zeit noch vorhanden. Ein Eintrag vom 4. August 1600 in das Verzeichnis derjenigen Werke, deren Druck- und Verlagsrecht die Londoner Buchdrucker- und Buchhändler-Gilde auf Grund der dazu erforderlichen Ermächtigungen und Nachweise amtlich anerkannte und in Schutz nahm, ordnet das Innehalten mit dem Druck von drei Büchern: „As you like yt, Henry the fift und The comedie of Much A doo about Nothinge" an, doch findet sich kein Eintrag vor, durch den das Veröffentlichungsrecht durch den Druck zu diesen Büchern vorher erteilt worden wäre. Für die beiden letztgenannten Stücke muss das Verbot wieder zurückgenommen worden sein, da nach den Einträgen dieser Stücke, vom 14. und 23. August 1600, die Druckermächtigung für sie doch noch beigebracht worden sein muss. Wogegen für As you like it ein derartiger Eintrag fehlt und es sich unter den Stücken befindet, für die von den Druckern und Verlegern der ersten Folio, Isaac Jaggard und Ed. Blount, am 8. Nov. 1623 ein Eintrag in das gedachte Register mit dem Bemerken erwirkt worden ist, dass bisher noch von niemand ein derartiger Eintrag für eines dieser Stücke erlangt worden sei; was jedenfalls mit Wissen und mit Zustimmung der Herausgeber geschah. Es wird demnach bisher keine Einzelausgabe davon erschienen sein. Was Heinrich V. betrifft, so gelangte er (1600) in den Besitz eines anderen Verlegers, Thomas Pawyer, ohne dass der Name des früheren Besitzers dabei erwähnt worden wäre. Am 22. Jan. 1606/7 fand ferner die Übertragung von „Romeo and Juliett", „Love's labour lost" und „The Taming of a Shrew" von Cutbert Burby auf Linge statt, ohne dass sich ein Eintrag davon für ersteren vorfindet. Er muss das Druck- und Verlagsrecht aber doch wohl besessen haben, da die Übertragung unbeanstandet und vorbehaltlos erfolgte und die beiden erstgenannten Stücke laut Eintrag vom 19. Nov. 1607 ebenso von Linge auf Jo. Smythik übergingen. Von Burby war 1598 eine Ausgabe von Love's labour lost erschienen. Ob auch die ein Jahr früher veröffentlichte Ausgabe von Romeo and Juliett von ihm herrührt, ist ungewiss, wohl aber war er der Verleger dieses Stücks in der Ausgabe von 1599. Von Linge liegt weder von diesem, noch von jenem Drama eine Ausgabe vor. Von Smythik sind dagegen zwei Ausgaben von Romeo and Juliett auf uns gekommen, die von 1609 und eine ohne Jahreszahl; von dem anderen Stück aber keine. Am 20. Mai 1608 wurde an einen der Verleger der ersten Folio, Ed. Blount, das Druck- und Verlagsrecht eines Anthony and Cleopatra betitelten Buches erteilt. Es ist aus dem Eintrag aber nicht zu ersehen, ob damit Shakespeares Drama gemeint ist. Selbst wenn es der Fall, konnten die Verleger mit Recht es den Stücken zuzählen, zu denen kein solcher Eintrag von „e i n e m a n - d e r e n" vorlag. — Obschon man allgemein annimmt, dass Shakespeares The taming of t h e shrew und The life and death of King John zum erstenmal in der ersten Folio vorliegen und die auf uns gekommenen Einzelausgaben von The taming of a shrew (von 1594, 1596 und 1607) und von The troublesome Raigne of John, King of England (von 1591, 1611, 1622) nicht ihn, sondern andere unbekannte Dichter zu Verfassern haben, sind beide von den Verlegern der ersten Folio doch von den Stücken ausgeschlossen worden, die bis 1623 noch keinen rechtmässigen Verleger besassen. Da aber die Herausgeber der ersten Folio sie durch deren Aufnahme in diese zweifellos für Werke Shakespeares anerkannt haben, so lässt sich dies nur daraus erklären, dass sie jene beiden älteren Stücke doch für eigene Arbeiten Shakespeares hielten, oder von der Fassung der Folio schon früher eine oder mehrere Einzelausgaben erschienen waren, die verloren gegangen sein müssten, für die aber auch der Eintrag dann fehlt. Für The

Taming of a shrew ist ersteres insofern wahrscheinlicher, als das ältere Stück im Besitze der Schauspieler des Grafen Pembroke war, die verschiedene andere der Jugendarbeiten Shakespeares zur Aufführung brachten. Auch scheint der Eintrag vom 22. Januar 1606/7 dafür noch zu sprechen. Wogegen der ältere König Johann von den Schauspielern der Königin dargestellt worden ist, die in keine Verbindung mit anderen Stücken des grossen Dichters gebracht werden können. Auf die Möglichkeit noch eines anderen Erklärungsgrundes dieses Widerspruchs komme ich später zurück.

Auch ohne The Taming of the shrew und den King John, sind es noch immer 16 Dramen des Dichters, die in der Folio von 1623 zum erstenmal zum Abdruck gelangten. Hierzu gehören: „Die beiden Edelleute von Verona", Mass für Mass", „Die Komödie der Irrungen", „Der Sturm", „Ende gut, alles gut", „Was ihr wollt", „Wie es euch gefällt", „Das Wintermärchen", „Heinrich VI.", 1. Teil, „Heinrich VIII.", „Coriolan", „Julius Cæsar", „Antonius und Cleopatra", „Timon von Athen", „Macbeth" und „Cymbeline". Ohne die erste Folio würden vielleicht alle diese Dramen für uns verloren gegangen sein. Heminge und Condell haben sich daher durch ihre Veröffentlichung durch den Druck ein unvergängliches Verdienst um alle nachlebenden Kulturvölker erworben, zumal ihre Ausgabe auch in betreff derjenigen Dramen des Dichters, die schon durch die Quartos bekannt waren, vieles vor diesen voraus hat, sowohl durch Verbesserung und Abhilfe zahlreicher Fehler und Mängel, mit denen diese behaftet erscheinen, als durch bessere Lesarten vieler Stellen und durch Darbietung vieler anderer, die den Quartos ganz fehlen. Doch darf dies alles da, wo Wahrheit gesucht wird, nicht gegen die Tatsache verblenden, dass auch die erste Folio noch genug schwache Seiten und Mängel zeigt. Auch sie enthält noch viele Unrichtigkeiten, auch sie lässt noch viele Weglassungen von Wörtern und Stellen, noch viele Wortverderbnisse und falsche Lesarten erkennen, auch in ihr finden sich noch falsche Umbrechungen von Verszeilen, Drucke von

Versen wie Prosa und von Prosa wie Verse. Auch ihr liegen nicht, wie der Titel verheisst („Published according to the true originall Copies") und was das Vorwort der Herausgeber „To the great variety of Readers" in Aussicht stellt, die eigenhändigen Niederschriften des Dichters oder die davon genommenen und von ihm beglaubigten und gesichteten Abschriften zugrunde, sondern nur wie den Quartos Abschriften, die für besondere Bühnenzwecke angefertigt worden waren und mit der Zeit mancherlei Änderungen erfahren haben konnten und wirklich auch hatten, teils um hier und da etwas zu verbessern oder auch bühnenwirksamer zu machen, teils durch Nachlässigkeiten und Missverständnisse der Abschreiber und Setzer. Und doch wäre es den Herausgebern leichter als jedem anderen gewesen, sich jene eigenhändigen Niederschriften oder beglaubigten und durchsichteten Abschriften zu verschaffen, die im Besitze der früheren Lord Kammerherrn-Truppe, der späteren Schauspieler des Königs, waren oder doch sein sollten, denen auch sie angehörten, und an deren Spitze Heminge sogar damals stand. Daher die vom Dichter erworbenen Handschriften schon damals nicht mehr vorhanden und vielleicht bei dem 1613 das Globetheater verzehrenden Brande untergegangen, oder die Theaterbücher ihnen von den Herausgebern der Folio vorgezogen worden sein mussten.

Obschon diese hiernach wohl Grund gehabt hätten, die Leistungen ihrer Vorgänger, der Herausgeber der Quartos, mit einiger Nachsicht zu beurteilen, zumal sie, nach der Ansicht bedeutender Shakespeareforscher diese Quartos selbst mit benützt haben und mehrere ihrer Redaktionen (so die des „Kaufmann von Venedig", des „Sommernachtstraum", die von „Richard III." und von dem ersten Teil „Heinrichs IV.") wesentlich auf ihnen beruhen, so fand doch das Gegenteil statt. Behaupten die Herausgeber der ersten Folio doch in ihrem schon angezogenen „Vorwort an die Leser": „diesen, die früher durch Drucke verschiedener gestohlener und erschlichener und durch die Fälschungen schimpflicher Betrüger

entstellter und verstümmelter Abschriften getäuscht worden
wären, nun diese Stücke unversehrt und vollständig mit all
ihren Gliedern, wie sie der Dichter geschaffen, darzubieten."
Wenn diese Ankündigung auch sehr im Tone marktschreie-
rischer Buchhändleranzeigen (wahrscheinlich zugunsten der
Verleger) gehalten ist, so stand den Herausgebern der ersten
Folio doch manches zur Seite, was ihren Behauptungen Gewicht verlieh.   Zunächst konnte niemand besser wissen, als
sie, inwieweit jene Einzeldrucke rechtmässige waren oder
nicht.   Auch durfte man ihrer jener Stelle vorausgegangenen
Versicherung fest vertrauen, ihr Werk nicht aus gewinn- und
ruhmsüchtiger Absicht, sondern nur zu Ehren ihres verstor-
benen Freundes und Berufsgenossen unternommen zu haben,
was die Verleger der Quartos, selbst die der besten, gewiss
nicht das Recht hatten, von sich zu behaupten.   Und endlich
wurden ihre Aussagen von anderen dramatischen Schriftstellern der Zeit, wie Heywood und Marston, wenigstens
scheinbar bestätigt, da auch diese sich über die vielen unrechtmässigen Ausgaben ihrer Stücke beklagten.   „Zu einigen" —
setzte Heywood hinzu — „lässt man von Schnellschreibern in
den Theatern Auszüge machen und diese dann drucken, obschon kaum ein Wort darin richtig ist":

> „Some by stenography draw
> The plot, put it in print, scarce one word true."

Heywood und Marston sprechen sich aber darüber ohne
jede Beziehung auf die Dramen Shakespeares aus, wie denn
wenigstens die letzte Bemerkung auf die von diesen erschienenen und uns noch vorliegenden Einzelausgaben keine Anwendung finden kann.   Selbst noch die schlechtesten dieser
Ausgaben (wie die ersten von Romeo und Julia, von Heinrich V. und Hamlet), so verstümmelt sie sind, enthalten viele
längere Stellen, die, bis auf einzelne Wörter, ganz wortgetreu
mit späteren übereinstimmen.   Auch lässt sich der schon oben
angeführte Eintrag der Verleger der ersten Folio vom 8. November 1623, gegen die hier in Rede stehenden im „Vorwort

an die Leser" enthaltenen Behauptungen aufstellen, da hiernach das Druck- und Verlagsrecht aller in der ersten Folio enthaltenen Stücke durch Eintrag in die Register der Buchdrucker- und Buchhändlergilde rechtsgültig erworben worden sein musste. Welche Nachwirkung diese Behauptungen aber gehabt haben, lässt sich am besten daraus erkennen, dass S. Johnson das, was Heminge und Condell nur von verschiedenen Einzelausgaben Shakespearescher Stücke erklärt und Heywood und Marston ohne j e d e Beziehung auf sie ausgesprochen hatten, auf alle bis 1623 erschienenen und auf uns gekommenen Quartos dieser Stücke übertrug. Spätere Herausgeber haben freilich erkannt, dass diese Quartos, besonders die besseren, bei all ihren Fehlern und Mängeln auch ihrerseits manche Vorzüge vor den Fassungen derselben Stücke in der ersten Folio voraushaben, dass auch sie manche angemessenere Ausdrücke, manche bessere Lesarten darbieten und manche wertvolle Stellen und Angaben enthalten, die der Folio abgehen. Ja, man hat deshalb sogar bedauert, nur von 18 der Shakespeareschen Dramen solche Einzelausgaben zu besitzen, da sie für die Herstellung eines möglichst zuverlässigen vollkommenen Textes als sehr wertvoll befunden worden sind. Daneben bleibt aber noch immer eine gewisse Geringschätzung, ein zu weitgehendes Misstrauen gegen sie bestehen. Noch immer hält man sie zum grossen Teil für unrechtmässige, und von einigen glaubt man ganz sicher zu sein, dass sie nur auf Nachschriften in den Theatern beruhen. Ich habe dagegen guten Grund, jenes für viel zu weitgehend zu halten und dieses ganz zu bezweifeln. So gut es den Buchhändlern gelang, Mittel und Wege zu finden, den Nachdruck der von ihnen verlegten Werke, wenn auch nicht ganz zu verhindern, so doch sehr zu beschränken, indem sie das Druck- und Verlagsrecht von der Zuerkennung durch die Londoner Buchdrucker- und Buchhändlergilde abhängig machten, der jeder Buchdrucker und Buchhändler angehören musste, um ein offenes Geschäft in London betreiben zu können — so gut werden auch die Eigentümer der Stücke, d. i. die Schauspielertruppen und Theaterunternehmer (denn an diese traten damals die Dichter, um ihre Stücke zur Aufführung zu bringen, ihr v o l l e s Eigentumsrecht daran ab) bemüht gewesen sein, sich gegen die unrechtmässige Veröffentlichung der ihnen angehörenden Stücke zu schützen. Wie sehr es ihnen gelang, geht schon aus der Tatsache hervor, dass, soweit wir es beurteilen können, von den 36 Stücken der ersten Folio bei des Dichters Tode wenigstens 17, vielleicht sogar 19 noch ungedruckt waren. Es erhellt daraus aber zugleich, wie sehr die Besitzer auch die rechtmässige Veröffentlichung durch den Druck zu verzögern und zu verhindern suchten, wahrscheinlich weil sie darin einen gefährlichen Wettbewerb sahen. Die Ansichten hierüber scheinen aber, wie die Aufeinanderfolge der Einzelausgaben Shakespearescher Dramen erkennen lässt, hierin gewechselt zu haben. So finden sich in dem gedachten Verzeichnisse von 1593—97 nur zwei Einträge Shakespearescher Stücke vor; in 1597 allein aber 4, ebensoviele von 1598—1600, in 1600 allein gleichfalls wieder 4, von 1601—1608 dagegen nur 5 und von 1608—1621 sogar nur 2, von denen damals nur eins zum Drucke gelangte. Und doch war das Druck- und Verlagsrecht von so vielen dieser Stücke noch zu vergeben!

Der Schutz, den die Lord Kammerherrntruppe, die späteren Schauspieler des Königs, ausfindig gemacht hatten, scheint aus einer allerdings viel späteren, von Malone ans Licht gezogenen Verordnung des damaligen Lord Kammerherrn Philipp, Grafen von Pembroke und Montgomery, an die Vorsteher der Londoner Buchdrucker- und Buchhändler-Gilde vom 10. Juni 1637 hervorzugehen (Histor. account of the English stage 176, Basil 1800). Darin werden diese bedeutet, hinfort von keinem Drama durch Eintrag in ihre Bücher das Druck- und Verlagsrecht anzuerkennen, bevor sie sich versichert, ob es den Schauspielern des Königs und der Königin gehöre und desfalls deren Zustimmung eingeholt und von ihnen erhalten hätten, um hierdurch unrechtmässigen Drucken davon vorzubeugen. Diese Verordnung war keines-

wegs eine Neuerung, sondern, wie aus ihr selbst noch hervorgeht, nur die Bestätigung einer früheren, die von dem älteren
Bruder des Grafen, als dessen Vorgänger im Amte, erlassen
worden war. Diese Bestätigung war jedenfalls deshalb nach-
gesucht und erteilt worden, weil mit jedem Amtswechsel die
Verordnungen des Vorgängers, wenn auch nicht hinfällig
wurden, doch durch entgegengesetzte Erlasse aufgehoben
werden konnten. So stellte die Lord Kammerherrntruppe
beim Tode der Königin Elisabeth sofort ihre öffentlichen
Vorstellungen ein, suchte aber zugleich bei dem Nachfolger
der Königin um die Berechtigung dazu nach.

Weder Malone, noch der dessen Schriften so genau
kennende Collier, noch, soviel ich weiss, irgend ein späterer
Shakespeareforscher, scheint zu ermitteln versucht zu haben,
ob die Verordnung des älteren Grafen Pembroke, die erste
dieser Art, oder nicht ebenfalls nur die Erneuerung des Er-
lasses eines Vorgängers war und wie weit sie in diesem Falle
zurückreichte; oder falls es geschah, scheint es doch vergeblich
gewesen zu sein. Kein darauf bezügliches Aktenstück ist
bisher vorgefunden worden, weder auf seiten der Schauspieler
des Königs und der Königin, noch auf seiten des Lord Kam-
merherrn-Amtes, noch in den Büchern und Schriften der
Master of the Revels, denen es oblag, die Ausführung derartiger, die Theater betreffenden Verordnungen zu über-
wachen und denen damals auch das Zensoramt anvertraut
worden war. Collier (Hist. of Engl. Dram. Poet. 1831. III, 390)
ist sogar der Meinung, aus einem Eintrag in des Theaterunternehmers Henslowe Tagebuch (Diary) schliessen zu sollen,
dass es damals keinen anderen Weg gegeben habe, unrechtmässige Ausgaben zu verhindern, als den Verlegern das von
ihnen darauf gerichtete Unternehmen abzukaufen, was ihnen
übrigens die damit zu erzielende Sicherheit gar nicht dargeboten haben würde. Dieser Eintrag lautet: „Am 18. November 1599 an Robert Shaw verabfolgt, um sie dem Drucker
zu geben, damit er mit dem Drucke der ‚Patient Grissell‘ ein-
halte — 40 s.“ Nach der gezahlten Summe muss es sich jedoch

um etwas anderes gehandelt haben. Sie ist zu klein, um den
Drucker zur völligen Aufgabe eines Vorhabens bestimmt
haben zu können, das ihm nicht nur selbst Geld gekostet
hatte, sondern von dem er sich auch noch ansehnlichen Ge-
winn versprochen haben mochte. Auch erschien die „Patient
Grisell" vier Jahre später doch noch im Druck. Es handelte
sich also wahrscheinlich nur um den Aufschub eines zum
Erscheinen b e r e c h t i g t e n Drucks. Jedenfalls wird die
aus dem Eintrag von Collier gezogene Folgerung schon durch
die Verordnungen der beiden Grafen Pembroke aufs entschiedenste widerlegt. Wie weit diese Verordnungen aber
zurückreichen, konnte nun nur noch aus den Geschäftsbüchern
der Londoner Buchdrucker- und Buchhändler-Gilde zu erbringen sein. Man scheint es aber bis jetzt unterlassen zu
haben, darnach hier zu forschen. Ich selbst sah mich dabei
fast nur auf den Auszug beschränkt, den Mr. Halliwell-
Philipps dankenswerterweise von den auf die Werke Shakespeares beziehbaren Einträgen aus dem schon mehrfach erwähnten Register der gedachten Gilde veröffentlicht hat
(Outlines of the life of Shakespeare, 9th edition I, 381). Auch
glaube ich hier eine Spur davon gefunden zu haben, dass es
schon zur Zeit Shakespeares ähnliche Verordnungen wie die
vorgedachten der Grafen Pembroke gab und diese damals
in voller Kraft und Wirksamkeit standen. Dies tritt noch
entschiedener in die Erscheinung, wenn man diese Einträge
mit denen einer etwas früheren Zeit vergleicht. Sie werden
dann in eine besondere, es begünstigende Beleuchtung gerückt.
Es liegen uns nämlich noch zwei andere Auszüge des gedachten
Registers von J. Payne Collier unter dem Titel: Extracts from
the Register of the Stationers' Company, 1848 und 1849, vor.
Der erste umfasst Einträge aus der Zeit von 1557—1570, der
zweite solche aus der Zeit von 1570—1587, d. i. also ungefähr
bis zur Ankunft Shakespeares in London. Leider sind sie
nicht vollständig. Soweit diese Einträge aber darin vorliegen,
beginnen sie meist mit der Formel: „Received of (folgt der
Name des Druckers oder Verlegers) for his lycence for pryn-

tinge", oder mit dem Namen des Druckers oder Verlegers, dem die Formel: „Licensed" oder „allowed unto him" und der Name des Werkes folgt. Die erste Formel herrscht in dem ersten Auszuge, die andere in dem zweiten Auszuge vor. Beide scheinen anzukündigen, dass die Stationers Company den Anspruch erhob, durch jene Einträge das Druck- und das Veröffentlichungsrecht zu verleihen, während doch beides einerseits auf dem rechtmässigen Besitze der darin in Rede stehenden Werke und andererseits auf der Druck-Ermächtigung durch den Zensor beruhte. Dies gibt diesen Einträgen ihren besonderen, anspruchsvollen und eigenmächtigen Charakter, was auch durch die Form der meisten übrigen Einträge, sowie durch die Überschriften Bestätigung findet. Gleichwohl kündigen andere offen an, dass während der ganzen Zeit (von 1557—1587) die Einträge abhängig von der Druckerlaubnis des Zensors in der Person des Bischofs von London waren, der damals dem Zensoramte vorgestanden haben muss. Dies geschah meist durch den Zusatz „authorized by the bishop of London" oder „under the hands of the bishop of London". Doch wurde der Eintrag auch ohne Beibringung dieser Ermächtigung mit dem Vorbehalte erteilt: „provided before he print he shall get the bishop of London his allowance to it" (Eintrag vom 6. Mai 1582—83) oder „Rd. of him for etc. the myrrour of magistrates of cities, so it be or shalbe by lawful aucthoritie lycensed to him" (Eintrag vom 15. April 1583/84). Man bestand also nicht darauf, dass die Ermächtigung des Bischofs vorher noch beigebracht und vorgelegt werde. Man hatte sogar für solche Fälle eine Formel ausfindig gemacht, durch die man sich jeder Verantwortung dafür entziehen zu können glaubte. Für das Wort licensed oder allowed trat das Wort „tollerated" ein. Einmal, am 6. Juni 1589/90 heisst es sogar: „W. Wright, Licensed to him, by way of tolleration." Dies kann, wenn schon unbeabsichtigt, unberechtigten Drucken und Ausgaben Vorschub geleistet haben.

Aus einzelnen Einträgen geht auch hervor, dass man schon damals das Eigentumsrecht der wirklichen Besitzer der Schriften zu schützen hatte. Nur geschah es in mangelhafter Weise. Ich hebe dafür den Eintrag vom 1. August 1885/86 aus: „Edward White. Received of him for printinge 36 ballades (folgen die Titel), provided that if any of these 36 ballades belong to any other man, That then this license thereto shalbe void." Man scheint es also dem Zufall oder dem Drucker oder Verleger überlassen zu haben, dort den Beweis für die Unrechtmässigkeit, hier für die Rechtmässigkeit des Besitzes zu erbringen. Letzteres schloss Fälschungen wieder nicht aus.*)

Das bei all diesen Einträgen angewendete Verfahren war also mit mancherlei Übelständen behaftet, was Anlass zu Klagen gegeben haben mag. Besonders scheinen die Schauspieler, die niemals ihre Stücke, sondern immer nur das Veröffentlichungsrecht durch den Druck an die Drucker und Verleger verkauften, dadurch gefährdet und wohl auch geschädigt worden zu sein. Eine Änderung hierin konnte nicht ausbleiben. Sie trat nach dem von Halliwell-Philipps veröffentlichten Auszuge von Einträgen aus den Jahren von 1593—1623 zwischen 1587 und 1593 ein und war, wenn auch vielleicht nur in gewissen Beziehungen, eine durchgreifende. In allen hier mitgeteilten Einträgen haben die anspruchsvollen Ausdrücke: „licensed" oder „allowed" dem anspruchslosen „entered" weichen müssen. Der Ausdruck „tollerated" kommt in ihnen nicht vor. Auch noch jetzt gab es zwar vorläufige Einträge mit Vorbehalt, denen die dazu erforderliche Ermächtigung fehlte, so den Eintrag vom 22. Juli 1598: „James Robertes. Entred for his copie under the hands of both the Wardens, a booke of the marchaunt of Venyce, or otherwise called the Jewe of Venyce, Provided that yt bee not printed by the said James Robertes, or any other whatsoever, without license first had from the Right honorable the Lord chamberlen" — (diese lycense muss erbracht worden sein, da das Druck- und Verlagsrecht des Stückes laut Eintrag vom 28. Oktober 1600

---

*) S. Nachtrag 2.

nun unbeanstandet und vorbehaltlos von James Robertes auf einen anderen Verleger übertragen wurde). Wie streng man es aber jetzt mit diesen Vorbehalten nahm, geht aus dem unmittelbar folgenden, schon oben ausgehobenen Eintrag vom 4. August 1600 hervor (siehe S. 2). Zwar glaubt Halliwell-Philipps, er betreffe drei unberechtigte Ausgaben. Nach mir handelt es sich dagegen (wofür zwar der Eintrag fehlt), um die Zurücknahme eines unter einem ähnlichen Vorbehalte erteilten Druck- und Veröffentlichungsrechtes, weil die dazu erforderliche Ermächtigung noch nicht beigebracht worden war. Muss sie, wie schon gesagt, für Heinrich V. und Viel Lärmen um nichts doch bald darauf vorgelegt worden sein, da diese nun b e d i n g u n g s - u n d v o r b e h a l t l o s e n E i n t r a g erhalten konnten. So „1600, 14. August. Thomas Pavyer, entred for his copyes by direction of Mr. White, warden, under his hand-wrytinge, These copyes followinge being thinges f o r m e r l y p r i n t e d and sett over to the said Thomas Pavyer, viz. The historie of Henrye the Vth, with the battle of Agencourt" (der Druck dieses Stückes hatte also nicht mehr verhindert werden können), und „1600, 23. Augusti: Andrewe Wyse, William Aspley. Entred for their copies, under the handes of the wardens, twoo bookes the one called Muche adoo about Nothinge, thother etc." Das dritte Stück: „As you like it" erlangte, wie schon gesagt (siehe S. 2), erst am 8. November 1623 einen vorbehaltlosen Eintrag in das Register der Londoner Buchdrucker- und Buchhändlergilde. Die Ermächtigungen dazu konnten also damals nicht erbracht worden sein, vermutlich, weil die dafür nötige Zustimmung der Lord Kammerherrntruppe zur Veröffentlichung des Stückes durch den Druck nicht zu erlangen gewesen, oder falls sie doch schon erteilt worden sein sollte, von ihr wieder rückgängig gemacht worden war. An der Weigerung des Zensors, die amtliche Druckerlaubnis zu erteilen, lag es bei diesem Stücke jedenfalls nicht. Den vorbehalt- und bedingungslos erteilten Einträgen fehlte jetzt nie die Bemerkung „under the hands" von einem oder beiden

Wardens oder „by a court" oder „a full court" vollzogen worden zu sein, welchen letzteren die Gegenwart eines oder beider Wardens nicht fehlen konnte, deren Unterschrift, wie aus dem Eintrag vom 19. April 1602 hervorgeht, das vorschriftsmässige Zustandekommen der Einträge, d. i. die Beibringung der dazu erforderlichen Ermächtigungen oder Nachweise verbürgte. Hier heisst es nämlich:

„Entred by w a r r a n t vnder Mr. Setons hand" (siehe Nachtrag 12). Seton war einer der damaligen Wardens. Der Eintrag vom 22. Juli 1598 lässt aber auch noch erkennen, was damals unter „sufficient authority" (die zuweilen gefordert wurde)*) zu verstehen war. Bisher gehörte dazu der Nachweis der Druckberechtigung seitens des Verlegers und die Ermächtigung zur Veröffentlichung durch den Druck von seiten des Zensors, dessen Amt sich damals vielleicht noch immer in den Händen des Bischofs von London befand. Zwar wurde es nach dem Eintrage vom 18. April 1593 hier vom Erzbischofe von Canterbury ausgeübt, der aber schon früher den Bischof von London hierbei bisweilen vertreten hatte. Später muss dieses Amt, nach den Einträgen vom 26. November 1607, vom 20. Mai 1608, vom 28. Januar 1608/9 und vom 6. Oktober 1621, auf den Master of the revels, damals Sir Buck, übergegangen sein (s. Nachtrag 12). Jetzt (1598) aber wird noch die Ermächtigung des Lord Kammerherrn zu der „sufficient authority" mit erforderlich, was sich am einfachsten aus einer Verordnung erklären lässt, die dieser auf die Klagen seiner Schauspieler zum Schutze ihres gefährdeten Eigentums an die Vorsteher der Stationers company erlassen haben mochte. Waren doch diese, wie wir gesehen, schon von alters her verpflichtet gewesen, hierauf zu achten! Und damals, als die Lord Kammerherrntruppe noch in dessen Diensten stand und die Verhältnisse noch weit dringlicher waren, lag es ihr um vieles näher, darum nachzusuchen, als im Jahre 1637. Diese Verordnung

---

*) S. d. Eintrag v. 7. Febr. 1602—3 im Nachtrag 12.

konnte dann möglicherweise bis 1593 zurückreichen, so dass
die dazwischen liegenden bedingungs- und vorbehaltlos bewirkten Einträge (der vom 6. Februar 1593 für Titus Andronicus, der vom 29. August 1597 für Richard II., der vom
20. Oktober 1597 für Richard III. und der vom 25. Februar
1597—1598 für Heinrich IV., 1. Teil), die sufficient authority
dann gleichfalls gehabt haben würden. Ob der Lord Kammer-
herr sich der Mühwaltung, die er sich hierdurch selbst auferlegt hätte, lange unterzog, ist freilich fraglich. Es war aber
leicht, dafür einen Ersatz zu finden und sich davon zu be-
freien. Wenn es, was mehr als wahrscheinlich ist, sich dabei
wirklich nur um den Schutz der Eigentumsrechte seiner Schauspieler handelte, so lag nichts näher, als eine ähnliche Einrichtung zu treffen, wie die, die, wie wir gesehen, einer seiner
Amtsnachfolger später anordnete (was dann nur eine ältere
Ueberlieferung gewesen sein würde), d. i. die Einträge von
Stücken, die der Lord Kammerherrntruppe angehörten, von
ihrer Zustimmung selbst abhängig zu machen. Der Eintrag
vom 25. Juni 1603 scheint sogar darauf hinzuweisen. Hier
heisst es: „Math. Lawe. Entred for his copies in full courte
holden this day, these copies followinge, viz., IIj. enterludes
or playes; the first is of Richard third, the second of Richard
the 2., the third of Henry the 4 the first parte, all Kings, all
which by c o n s e n t o f t h e c o m p a n y , are sett over
to him from Andr. Wyse." Es liegt eben nahe, das Wort „company" auf die Lord Kammerherrntruppe zu beziehen. Wurden die Schauspieler hoher Personen doch oft so bezeichnet,
selbst in amtlichen Erlassen, wie in der Verordnung des Lord
Kammerherrn vom 10. August 1639, wo von den jungen
Schauspielern des Königs und der Königin unter Bieston,
schlechtweg als von „Biestons company" die Rede ist. Es
wäre denn mit jenem Ausdruck die Stationers Company
gemeint, deren von ihr eingesetzter Court jenen Beschluss
gefasst hatte. Dies ist jedoch unwahrscheinlich, weil es dann
nur eine überflüssige Wiederholung des Vorausgegangenen
gewesen sein würde. Auch wurde bei den Beschlüssen des

Court die Stationers company als solche nicht weiter um ihre
Zustimmung oder Meinung befragt. Daher auch von ihr als
solcher in keinem anderen ähnlichen Falle die Rede ist,
sondern es immer nur heisst: „Entred by direction", oder
„by order", oder „by consent of a court", oder „of a full
court", oder „under the hands of the wardens". Wogegen es
sehr gut möglich war, dass zu diesen Beschlüssen die Zustimmung der Besitzer der in Frage stehenden Stücke noch
vorher eingeholt werden musste, da es die sicherste Gewähr
für den schon von alters her erforderlichen Nachweis des dem
Verleger zustehenden Eigentums- oder Druckrechts gewesen
wäre. Auch erscheinen bald darauf die Besitzer der Stücke,
wenigstens was die Lord Kammerherrntruppe, die späteren
Schauspieler des Königs, betrifft, in ihren Eigentumsrechten
so gesichert, dass, wie wir schon sahen, von den 36 Stücken
der ersten Folio bei Shakespeares Tode die Hälfte noch ungedruckt war. Es ist überhaupt fraglich, ob in dem sogenannten Register der Stationers company wirklich die eigentlichen Einträge vorliegen, durch die das Druck- und Verlagsrecht der Verleger vorschriftsmässig festgestellt und amtlich
anerkannt wurde, und nicht nur ein Verzeichnis der für diese
Einträge (auf die zu ihrer Bezeichnung dabei Bezug genommen wird) entrichteten Gebühren und der für die Umgehung oder
Erschleichung dieser Einträge verhängten und eingegangenen
Strafgelder. Für letzteres sprechen zunächst die ältesten
Einträge des Registers, da sie fast alle mit der Formel: „Received for" beginnen, sowie die fast allen Einträgen bis zuletzt
beigesetzten Beträge der entrichteten Gebühren und Strafgelder. Sodann legt aber dafür auch noch die oft unbeholfene,
mangel- und fehlerhafte Form dieser Einträge Zeugnis ab,
die sich nur wie abgekürzte und meist unvollständige Auszüge
der wirklichen ausnehmen. Einzelne der erforderlichen Einträge fehlen hier sogar ganz, so der Eintrag für den King
John in der Fassung der ersten Folio und von The Taming
of the Shrew, sowie die Einträge der ersten Verleger von
Romeo and Juliett, Love's labour lost und Henry V., für die

hier jedoch unbeanstandete und vorbehaltlose Übertragungen von einem Verleger auf den anderen vorliegen, die jene Einträge mit zur Voraussetzung haben.

Bei den vorbehalt- und bedingungslos erteilten Einträgen des Registers scheint man es nicht für nötig erachtet zu haben, die dazu erforderlichen und beigebrachten Ermächtigungen besonders hervorzuheben, da sie deren Beibringung schon durch sich selbst gewährleisteten, zumal sie durch die Unterschriften der „Wardens" verbürgt war. Wenn es aber gleichwohl bisweilen geschah, so ist es doch immer nur lückenhaft und unvollständig zur Ausführung gekommen. Es liegen hier im ganzen nur noch vier Einträge vor, in denen die Ermächtigung durch den damaligen Zensor: „Sir Geo. Buck, Knight" und einer in dem sie durch dessen „Deputy, Mr. Segar" besonders hervorgehoben erscheint. Nur drei betreffen aber Stücke, die in der ersten Folio enthalten sind. Es sind die Einträge von 1607 — 5 Regis 26. November, von 1608 — 20. May und von 1608—1609 — 28. Januarij (siehe Nachtrag 12).

Für das hier Gesagte ist der letzte Eintrag des Halliwellschen Auszugs aus dem Register ein weiterer Beleg. Er lautet:

„1623 — 8. Novembris, 1623, R^v. Jac. 21.º — Mr. Blount; Isaak Jaggard. — Entred for their copie under the hands of Doctor Warrall and Mr. Cole, warden, Mr. William Shakspeers Comedyes, Histories and Tragedyes, soe manie of the said copies as are not formerly entred to other men, viz. C o m e d y e s. The Tempest. The twoo gentlemen of Verona. Measure for Measure. The comedy of Errors. As you like it. All's well that ends well. Twelfe night. The winters tale. — H i s t o r i e s. The third parte of Henry the sixt. Henry the eight. — T r a g e d i e s. Coriolanus. Timon of Athens. Julius Caesar. Mackbeth. Anthonie and Cleopatra. Cymbeline." Obschon der Zweck dieses Eintrags garnicht berührt darin wird und die erfolgte Beibringung der dazu erforderlichen Ermächtigungen nicht besonders hervorgehoben darin erscheint, hat doch noch niemand an dessen vorschrifts- und rechtmässiger Erwerbung, noch an der Rechtmässigkeit der ersten Gesamtausgabe von Blount und Jaggard gezweifelt. Und doch fehlt nach dem Halliwellschen Auszuge in dem Register of the Stationers company selbst für diese der Eintrag. Auch geht aus dem Eintrage vom 8. November 1623 hervor, dass die Verleger der ersten Gesamtausgabe keinen Anstoss an dem Fehlen der obengedachten Einträge in dem erhalten gebliebenen sogenannten Register of the Stationers company genommen haben, sondern sämtliche fünf Stücke (den King John und The Taming of the Shrew, sowie Romeo and Juliet, Love's labour lost und Henry V.) ruhig in ihre Gesamtausgabe aufnahmen und denjenigen Stücken zuwiesen, die „formerly were entred to other men." Sie mussten diese Einträge also abseits des gedachten Registers gesehen und für vollberechtigt gehalten haben, was es eben in hohem Grade wahrscheinlich macht, dass die eigentlichen Einträge behufs Feststellung und Anerkennung der Druck- und Veröffentlichungsrechte der Verleger sich nicht in diesem Register, sondern in besonderen Büchern befanden. Freilich müssten dann diese schon seit lange verloren gegangen sein, was sehr zu bedauern wäre, da hier die Einträge der Zahl und dem Inhalte nach jedenfalls vollständig und dem Wortlaute nach um vieles genauer und richtiger gewesen sein würden, als die noch vorliegenden Einträge des Registers. Denn hätten die Verleger der ersten Folio an dem Vorhandensein dieser Einträge und an deren Berechtigung irgend gezweifelt, so würden sie sie im Interesse der unanfechtbaren Berechtigung ihrer Gesamtausgabe gewiss auch noch für sich in Anspruch genommen und dies nach erfolgtem Nachweis sicher erreicht haben. Wie es sich aber damit auch verhalten mag, so liegt doch schon ohne dies nach dem hier Dargelegten der Beweis vor, d a s s v o n d e n v e r s c h i e d e n e n b i s 1623 e r s c h i e n e n e n E i n - z e l a u s g a b e n S h a k e s p e a r e s c h e r D r a m e n , v o n d e n e n b i s h e r d i e m e i s t e n m i t s o g r o s -

ser Bestimmtheit für erschlichen und un-
rechtmässig erklärt worden sind, nicht
eine einzige (die verstümmelten ersten
Ausgaben von „Heinrich V.", „Romeo und
Julia" und „Hamlet" nicht ausgenommen)*) diese Bezeichnung wirklich verdient, da die erforderlichen Ermächtigungen und Nachweise für alle erbracht
worden sind und sein müssen, daher sie
auch alle, gleichwie die Dramen der ersten
Gesamtausgabe von 1623, auf Theater-
büchern und nicht, wie man geglaubt,
zum Teil auf Nachschriften in den Theatern
beruhen. Hatte man doch bei rechtmässigen Ausgaben nicht nötig, zu diesem un-
sicheren und neue Kosten verursachen-
den Mittel zu greifen.

Man hat sich bei Beurteilung der Rechtmässigkeit dieser
Ausgaben offenbar viel zu sehr von der fehler- und mangelhaften Beschaffenheit einzelner von ihnen bestimmen lassen.
Doch kann unter Umständen eine rechtmässige Ausgabe sehr
mangel- und fehlerhaft und eine unrechtmässige ausnahmsweise sehr gut sein, weil dies von dem Charakter, der Ein-
sicht und Intelligenz des Verlegers und von der Tüchtigkeit
und Zuverlässigkeit der von ihm verwendeten Herstellungs-
kräfte abhängt. Die vielen und berechtigten Einwände, die
man gegen die gedachten Einzelausgaben zu erheben hat und
die durch den Nachweis ihrer Rechtmässigkeit n i c h t ver-
ringert werden, beruhen überdies noch zum Teil auf der Unleserlichkeit der ihnen zugrunde liegenden Handschriften,
die wohl niemals die originalen des Dichters, sondern nur für
Bühnenzwecke hergerichtete Abschriften, und zwar nicht
selten Abschriften von Abschriften gewesen sein dürften.
Meist mögen es Abschriften von den Souffleurbüchern gewesen
sein, die mancherlei Änderungen zu Bühnenzwecken erfahren

*) Siehe Näheres darüber im Nachtrag 3.

2*

hatten. Und wie die Schauspielertruppen glaubten wohl auch die Verleger, das Recht zu haben, die von ihnen erworbenen Stücke und Abschriften von Stücken nach Gutdünken verändern zu dürfen. Lässt sich doch dies selbst noch heute bei beiden beobachten. Bei den verstümmelten ersten Ausgaben von „Heinrich V.", „Romeo und Julia" und „„Hamlet" mag noch das verwerfliche Gebahren gewinnsüchtiger Verleger hinzugekommen sein, die Druckkosten durch Kürzung und Zusammenziehung der Texte möglichst zu vermindern, da damals die Einzelausgaben alle, ob kurz oder lang, zu demselben Preise (6d) verkauft wurden. Solche Ausgaben dürften daher, obschon das Druck- und Veröffentlichungsrecht dazu rechtmässig erworben worden war, immer noch betrügerische genannt werden. Und endlich gewährten die Einträge dieser Rechte in die Bücher der Buchdrucker- und Buchhändlergilde nur in beschränktem Umfange Schutz gegen unberechtigte Ausgaben und Nachdrucke, weil ihre Wirksamkeit sich nur auf die Mitglieder der Gilde erstreckte, die diese von beiden zurückhielt und den öffentlichen Verkauf solcher Fälschungen, wenn auch nicht ganz unmöglich machte, so doch entschieden beschränkte. Es gab aber noch andere Leute, die sich mit der Herstellung solcher Ware befassten und sie, besonders in der Provinz, durch Herumträger heimlich vertreiben liessen. Die Behauptungen der Herausgeber der ersten Folio und die Klagen Heywoods und Marstons hinsichtlich ihrer, waren daher gewiss nicht ganz aus der Luft gegriffen, nur dass sie sich nicht auf die uns vorliegenden Einzelausgaben Shakespearescher Stücke von 1594—1623 beziehen lassen. Wohl aber konnten z. B. die englischen Komödianten die sich zur Zeit Shakespeares in Deutschland einfanden, mit derartigen Fälschungen versehen gewesen sein. Es ist zwar, wenn es sie gab, davon nichts erhalten geblieben. Die noch vorhandenen deutschen Ubertragungen und Bearbeitungen der damals von diesen Schauspielern nach Deutschland gebrachten Stücke, die auf Shakespeare zurückweisen, sprechen aber dafür.

In dem hier in Rede stehenden Auszuge von Halliwell-Philipps ist nur in fünf der darin enthaltenen Einträge Shakespeare als Verfasser genannt. Nur drei davon betreffen jedoch seine in der ersten Folio enthaltenen Dramen. Aus keinem lässt sich erkennen, dass er a l s s o l c h e r das Recht gehabt hätte, über die Veröffentlichung seiner Werke durch den Druck zu verfügen. Nur als Mitglied der Lord Kammerherrntruppe teilte er es mit den anderen Mitgliedern der Truppe. Es beweist, dass er, wie fast alle englischen Bühnendichter der Zeit, seine Stücke mit allen Eigentumsrechten an die Schauspieler, die sie aufführten, und an die Theaterunternehmer, die sie aufführen liessen, verkaufte (siehe S. 8). Dementsprechend ist auch in den Verordnungen des Lord Kammerherrn Philipp Grafen von Pembroke und Montgomery vom 10. Juni 1637 und vom 10. August 1639 immer nur von den Schauspielern und nicht von den Dichtern als Besitzern der darin erwähnten Stücke die Rede (Malone, a. a. O. S. 175—178). Thomas Heywood hat sich im Vorwort zu seinem: „Raub der Lucrezia" über diese Verhältnisse ausgesprochen. Er tadelt sogar die Dichter, die von jener Gepflogenheit abwichen: „Da manche sich doppelt für ihre Arbeit bezahlt gemacht haben, erst von der Bühne, dann von der Presse, so erkläre ich, ersterer jederzeit treu geblieben zu sein und mich des letzteren nie schuldig gemacht zu haben." Shakespeare muss hierin ebenso wie Heywood gedacht, es aber noch strenger zur Ausführung gebracht haben, da er sich an der Herausgabe k e i n e s seiner dramatischen Werke beteiligt und in seinem Testamente keinerlei Verfügung darüber getroffen hat. Er glaubte ohne Zweifel, dazu nicht berechtigt zu sein. — Der Einblick in das vollständige Register der Stationers company, wie es noch vorliegt, dürfte über alle diese Verhältnisse noch bestimmtere Aufschlüsse geben. Mir war es leider versagt, ihn mir zu verschaffen, doch reicht für den Zweck meiner Untersuchung das hier Erlangte schon hin, da die Rechtmässigkeit oder Unrechtmässigkeit gewisser Ausgaben dafür von nur untergeordneter Bedeutung

ist. Trotz der nachgewiesenen Rechtmässigkeit bleiben diese
Ausgaben so gut und so schlecht wie vorher.

Mehr noch, als die unberechtigten Drucke ihrer Stücke,
fürchteten die Londoner Schauspieler damals deren unberechtigte Darstellung von seiten anderer Londoner Truppen.
Sie werden sich zwar dagegen durch wechselseitige Verträge
geschützt haben. Dass aber einzelne Truppen auf solche
Verträge nicht eingingen, bezeugen zwei Nachweise, die
von Malone entdeckt und ans Licht gezogen worden sind.
Der eine, den er in den Amtsbüchern des Master of the Revels, Sir Henry Herbert, gefunden hat, besteht in einem
Eintrage vom 11. April 1627, aus dem sich ergibt, dass er,
auf Antrag der Schauspieler des Königs, den Schauspielern
des Red Bulltheaters das Spielen der den ersteren zuge-
hörenden Shakespeareschen Stücke verbot. Der andere befindet sich in einer Verordnung des Lord Kammerherrn-
Amtes vom 10. August 1639, die, auf Antrag des an der
Spitze der „jungen Schauspieler des Königs und der
Königin" stehenden William Bieston, den übrigen Schauspielern Londons und seiner Vorstädte das Spielen der ihnen
angehörenden Stücke verbot. (Malone, a. a. O. S. 175 und
289.)

Die Vorzüge, die den Einzelausgaben der Shakespeareschen Dramen vor 1623 bei ihren unleugbaren Fehlern eigen
und die sie trotz der Folio von 1623 so wertvoll machen, er-
strecken sich bis auf die Titelblätter, insofern diese bisweilen
meist zuverlässige Angaben inbetreff der Aufführungen der
in ihnen enthaltenen Stücke darbieten. Einige werfen dabei ein aufklärendes Licht auf gewisse, noch immer im Dunkel
liegende Lebensverhältnisse des Dichters. Diese gehören
hauptsächlich der ersten Zeit seines Londoner Aufenthalts
bis zum Jahre 1594 an, aus der wir über ihn fast nichts als
einige anekdotische Überlieferungen besitzen, die fast alle
erst um vieles später entstanden zu sein scheinen und daher
höchst unsicher sind. Das Titelblatt des, wie man annimmt,
ältesten Drucks eines Shakespeareschen Stücks, des „Titus

Andronicus" von 1594, von dem wir nur durch die Mitteilungen Langbaines (Account of English dramatic poets, 1691) wissen, ist dafür eines der wichtigsten, da es, nach ihm, die Angabe enthielt: von des Grafen Derby, des Grafen Pembroke und des Grafen Essex Dienern dargestellt worden zu sein. Diese Angabe ist nicht ganz richtig, was aber nicht auf einem Schreibfehler Langbaines, sondern auf einem Druckfehler jenes Titelblatts zu beruhen scheint, da der Verleger der nächsten Ausgabe des Stücks, Edward White, sie also berichtigt hat: „As it has sundrie times beene playde by the Right Honourable the Earle of Pembrooke, the Earle of Darbie, the Earle of Sussex and the Lords Chamberlaine theyr servants." Es ist also nicht nur der Name Sussex an die Stelle von Essex getreten, auch die Reihenfolge der Truppen, die das Stück zur Aufführung gebracht hatten, ist eine andere geworden. Obschon die Truppe des Grafen Sussex im Jahre 1594 die Truppe des Lord Kammerherrn war, hat White den Namen der letzteren nun noch besonders angefügt, woraus sich erkennen lässt, dass diese nach des Grafen Sussex Tode das Stück weiter fortgespielt hat. Halliwell-Philipps ist wohl der erste gewesen, der diese berichtigte Angabe mit einem sie teilweise bestätigenden Eintrage in dem von Malone in Dulwich-Kollege entdeckten sogen. Tagebuche (Diary) des Theaterunternehmers Henslowe in Verbindung gebracht hat. Dieser Eintrag betrifft die Erträgnisse eines Gastspiels der Schauspieler des Grafen Sussex (d. i. der Lord Kammerherrntruppe) in einem der beiden Newington-Theater, dem ihm ganz angehörenden Rose-Theater und dem Theater von Newington Butts, an dem er nur einen Anteil gehabt zu haben scheint. Dieses Gastspiel fing am 27. Dezember 1593 an und brachte am 23. Januar 1594 ein Stück namens „Titus and Andronicus" zur Aufführung, dem in dem Tagebuch die Bezeichnung „n e" angefügt ist, die Halliwell als „new. enterlude" auslegte, die aber auch „new exhibition" bedeutet haben kann. Jedenfalls sollte es eine erste Darstellung bezeichnen, was durch die Höhe der Einnahme an diesem Tage Bestätigung findet. Henslowes Anteil betrug hier fast doppelt so viel: 3 £ 8 s., als bei den beiden folgenden Vorstellungen, die ihm jede nur 2 £ einbrachten. Halliwell weist an der Hand der noch vorliegenden zweiten Ausgabe des Shakespeareschen „Titus Andronicus" nach, dass es sich bei diesen Darstellungen nur um letzteren und keineswegs um ein älteres Stück von einem anderen Dichter gehandelt habe. Dagegen kann ich mich seiner weiteren Folgerung: die Vorstellung vom 23. Januar 1594 sei die erste Vorstellung des Stücks überhaupt gewesen, schon deshalb nicht anschliessen, weil sie mit der vorgedachten Angabe der Ausgaben von 1594 und 1600 in Widerspruch steht, nach denen es schon v o r h e r von zwei a n d e r e n T r u p p e n dargestellt und dann von der Lord Kammerherrntruppe weiter fortgespielt worden ist und Halliwell selbst, so abfällig er sonst über die Quartos urteilt, doch die Zuverlässigkeit derartiger in ihnen enthaltenen Angaben anerkennt. Das n e kann sich daher nur auf die Darstellung des Stückes durch die Lord Kammerherrntruppe beziehen, was auch durch den Ton und Charakter des Stückes bestätigt wird, die es kaum möglich erscheinen lassen, dass es, was sonst der Fall gewesen sein müsste, gleichsam in einem Atem mit „Venus und Adonis" und dem „Raub der Lucrezia" gedichtet worden ist, von denen jenes im April 1593 und dieses im Februar 1594 den Eintrag in das Register der Stationers Company erlangte. Sie weisen, wie ich überzeugt bin, auf eine frühere Entstehung des grausigen Dramas hin. Und ebensowenig kann ich der Ansicht Halliwells beipflichten, dass dieses Stück noch damals in Henslowes Besitze gewesen sei, weil es, soweit wir sie kennen, nicht in den Gepflogenheiten der Lord Kammerherrntruppe lag, andere, als die ihr eigentümlich angehörenden Stücke zu spielen oder diese an andere Truppen zu verleihen. Ist es doch nicht einmal sicher, wenn auch wahrscheinlich, dass Henslowe jemals im Besitze des Titus Andronicus gewesen

ist. Kommt Shakespeares Name doch gar nicht in seinem
sog. Tagebuch vor. War aber das Stück schon damals Eigen-
tum der Lord Kammerherrntruppe, so gehörte, was ohne-
hin wahrscheinlich genug ist, auch Shakespeare damals dieser
schon an, wie er ja nachweislich noch vor Ende des Jahres
mit ihr in Greenwich vor der Königin spielte und schon damals in solchem Ansehen darin stand, um in den Rechnungs-
büchern des Schatzmeisteramts ganz allein neben Burbage
und Kempe als Mitglied derselben hervorgehoben zu werden.
Dagegen lassen die früheren Darstellungen des Titus Andronicus von anderen Truppen sicher erkennen, dass Shakespeare
zur Zeit, als er ihn dichtete, der Lord Kammerherrntruppe
noch nicht angehörte, weil das Stück sonst zweifellos sofort
in deren Besitz übergegangen sein würde, wie es von da an
mit all seinen damals noch unfertigen oder doch noch nicht
zur Aufführung gelangten Stücken geschah. Welcher Truppe
er vor seinem Eintritt in die Lord Kammerherrntruppe angehörte, liegt freilich noch immer im Dunkel. Schwerlich
der Hensloweschen, wenn eine solche schon damals bestand.
Ist es doch zweifelhaft, ob dieser vor seiner Verbindung mit
Edward Alleyn, dem Vorsteher der Lord Admiraltruppe,
eine selbständige Truppe besessen hat. Sein „Tagebuch"
enthält zwar einige die Anwerbung von Schauspielern betreffende Einträge, sie gehören aber einer späteren Zeit an.
Zuverlässiges lässt sich darüber nicht sagen. Sein sogen.
Tagebuch war keineswegs ein alle Geschäftsfälle in zeitlicher
Folge enthaltendes Journal im kaufmännischen Sinne, sondern nur ein Notizbuch ohne Zusammenhang und ohne bestimmten einheitlichen Zweck und Charakter. Die ersten
Aufführungen des Titus Andronicus, denen im Juni 1594
noch zwei weitere folgten, sind aber nicht die einzigen Einträge darin, die sich auf Shakespearesche Stücke beziehen,
oder doch beziehen lassen. Am 19. Februar 1591—92 hatten
die Schauspieler des Lord Strange ein Gastspiel auf einem
der Newington-Theater, wahrscheinlich dem von Newington-
Butts, begonnen, das bis zum 22. Juni 1591—1592 währte

und am 3. März 1591 die Aufführung eines „Henery VI."
benannten Dramas mit der Bezeichnung n e, d. i. also erst-
malig, brachte, das Halliwell im Gegensatze zu Malone und
vielen anderen Gelehrten, wie ich glaube mit Recht, für den
ersten Teil von Shakespeares „Heinrich VI." hält. Denn
da das von Robert Greene, der am 3. September 1592 starb,
hinterlassene, gegen Shakespeare gerichtete Pamphlet: „A.
Groatsworth of wit bought with a million of Repentance"
eine Anspielung auf einen im 3. Teile des Dramas enthaltenen Vers: O tigers heart wrapp'd in a womans hide (Akt 1,
Szene 4, in einer Rede Yorks) enthält und er daher diesen
schon damals im Theater gesehen haben musste, so ist wohl
kaum zu bezweifeln, dass der am 3. März zum ersten Male
zur Aufführung gekommene „Henery" der erste Teil des Shakespeareschen Dramas gewesen ist. Die zwei folgenden Teile
müssen jedoch unabhängig von diesem entstanden sein, da
sie unter abweichenden Titeln in Einzelausgaben erschienen
und von anderen Truppen zur Darstellung gebracht worden
sind (der zweite unter dem Titel: „The first part of the Contention ·betwixt the two famous houses of York and Lancaster", 1594, der dritte unter dem Titel: „The true tragedy
of Richard, Duke of York etc."). Das Verzeichnis der von
der Truppe des Lord Strange in Newington bis zum 22. Juni
1592 aufgeführten Stücke im Hensloweschen Tagebuche enthält weder das eine, noch das andere dieser beiden Dramen;
wogegen die Einzelausgaben des dritten Teils von 1595 und
1600 auf dem Titelblatt die Anzeige enthalten: „as it was
sundrie times acted by the Right Honourable the Earle of
Pembroke his servants". Obschon dem Titelblatt des zweiten
Teils diese Angabe fehlt, wird es sich doch auch mit ihm kaum
anders verhalten haben, zumal beide Stücke bei einem und
demselben Verleger, Thomas Millington, erschienen sind.
Nach Nashe, in seinem Pierce Pennilesse etc., der bald nach
Greenes oben angeführtem Pamphlete erschien, soll damals
der erste Teil von Heinrich VI. schon von 10 000 Personen
im Theater gesehen worden sein, was aber keineswegs aus-

schliesst, dass die Aufführung am 3. März 1591 die erste des
Stückes überhaupt war, da es von den Schauspielern des
Lord Strange allein in Newington bis 22. Juni 1592 dreizehn-
mal aufgeführt worden ist. Dagegen vermag ich aus dieser
ersten Aufführung des Stückes keineswegs mit Halliwell zu
schliessen, dass Shakespeares dramatische Laufbahn erst
damals begonnen habe, noch aus ihr und der Aufführung
des Titus Andronicus in Newington und von den Truppen der
Grafen Pembroke und Derby, dass Henslowe bis zum Eintritt Shakespeares in die Lord Kammerherrntruppe alle dessen
Stücke erworben habe, wennschon dessen Geschäftsgebah-
rung, wie sie aus seinem sogen. Tagebuche hervorgeht, es
möglich erscheinen lässt. Nur könnten diese Stücke dann
nicht auf die hier genannten beiden Tragödien beschränkt
gewesen sein, sondern müssten noch verschiedene Lustspiele
umfasst haben, die man allgemein für Jugendarbeiten des
Dichters hält, obschon sie uns vielleicht nur in späteren Neu-
bearbeitungen von ihm vorliegen. Daher des Dichters dramatische Laufbahn weiter als in das Jahr 1591 zurückreichen
muss. Mir ist es überhaupt völlig unfassbar, wie Shakespeare,
der, wenn nicht ausschliesslich, doch hauptsächlich deshalb
nach London ging, um den in Verfall geratenen Wohlstand
seiner Familie wieder aufzurichten, mit dem mächtigsten
und wunderbarsten Talente begabt, über fünf Jahre mit
seiner ganz unwürdigen Beschäftigungen hätte verbringen
können, ohne davon Gebrauch zu machen. Es ist sehr zu
bedauern, dass weder von dem ersten Teile von „Heinrich VI.,
noch von den hierher gehörenden Lustspielen in ihrer ersten
Fassung, (mit Ausnahme vielleicht von The taming of a
Shrew) Einzelausgaben vorhanden sind, da sie hierüber gewiss einige Aufklärung gegeben haben würden. The taming
of a Shrew ist nämlich ebensowenig wie der King John mit
in dem Eintrage vom 8. November 1623 in dem bewussten
Register der Londoner Buchdrucker- und Buchhändler-Gilde
enthalten und nach der Ausgabe von 1594 von der Truppe
des Grafen von Pembroke zur Aufführung gebracht worden,

die auch noch verschiedene andere Stücke von Shakespeare dargestellt hat. Love's labour lost ist das einzige der Jugendlustspiele des Dichters, das uns mit Sicherheit in einer Einzelausgabe, der Quarto von 1598, vorliegt. Ihr Titelblatt enthält jedoch die Bemerkung: „As it was presented before Her Highness last christmas. Newly corrected and augmented. By W. Shakespere". Damals war es schon im Besitz der Lord Kammerherrntruppe. Wahrscheinlich hat der Dichter alle seine Jugendlustspiele neu bearbeitet, als sie in den Besitz dieser Truppe übergingen. Aus den verschiedenen Angaben auf den Titelblättern der von ihm vorher von anderen Truppen zur Aufführung gebrachten Stücke, glaube ich schliessen zu dürfen, dass Shakespeare vor seinem Eintritt in die Lord Kammerherrntruppe den Schauspielern des Grafen Pembroke angehört hat.

Die Lord Kammerherrntruppe spielte nach Henslowes sogen. Tagebuche noch weiter in einem oder dem anderen der Newington-Theater fort, und zwar abwechselnd mit der Truppe des Lord Admirals, an deren Spitze Ed. Alleyn stand. Diese Spiele dehnten sich bis ins Jahr 1596 aus, was befremden müsste, weil der damals der Kammerherrntruppe noch vorstehende James Burbage, der Vater des berühmten Schauspielers Richard Burbage, und der Erbauer des ersten der selbständigen Theater Londons, des „Theatre", in diesem ein eigenes Haus auf der anderen Seite der Themse besass. Doch wurden damals die Truppen nicht selten durch Seuchen aus ihrem Besitze verdrängt und genötigt, dafür Ersatz in einem anderen Teile der Stadt oder in der Provinz zu suchen. Sie hielten eine solche Unterbrechung wohl auch sonst zuweilen für vorteilhaft, sowohl für sich, als für ihre Zuhörer, während welcher sie ihr Haus an eine andere Truppe vermieteten. Bei dem Gastspiele in Newington wirkte vielleicht der Wunsch noch mit ein, auch auf dieser Seite der Themse ein Haus zu erwerben. Wenn man dafür anfangs eines der Newington-Theater ins Auge gefasst haben sollte, so kam doch dieser Plan nicht zur Ausführung. Wohl aber

erwarb James Burbage nach einem erhalten gebliebenen
und von Halliwell mitgeteilten Kaufvertrage (Outlines etc.
I. 299) zu diesem Zwecke am 4. Februar 1596 die Hälfte eines
grossen in der Freiheit von Blackfriars gelegenen Hauses.
Zwar soll er nach Collier schon 1576 hier ein Theater errichtet und seitdem besessen haben. Doch wenn es auch
diesem gelungen ist, Beweise für das frühere Vorhandensein
eines Theaters in Blackfriar beizubringen, indem er sich auf
Stephan Gossons um 1581 erschienene Schrift: Plays con-
futed in five actions berufen konnte, in der von einem Blackfriar-Theater die Rede ist, sowie auf die Quarto von Lilys
Alexander and Campaspe vom Jahre 1584, in der dem Stücke
ein in „Blackfriars" gehaltener Prolog vorgedruckt ist und
dem (wie er hätte hinzusetzen können) auch noch ein daselbst gehaltener Epilog folgt — so geht aus ihnen doch noch
keineswegs hervor, dass dieses Theater schon 1576 von James
Burbage erbaut worden ist, oder diesem jemals angehört hat,
sondern Collier glaubt es nur aus einem Bittschreiben schliessen zu können, das verschiedene Bewohner von Blackfriars
an den Geheimrat der Königin gerichtet haben, um den von
einem gewissen Burbage unternommenen Bau eines Theaters
daselbst zu verhindern. Dieses Bittschreiben, das Collier,
Hazlitt und Halliwell gleichlautend mitteilen*) und nach
ihnen in einer undatierten Abschrift besteht, die sich im Londoner States-paper office befindet, wird von Collier aus diesem Grunde in das Jahr 1576 verlegt, während es nach Halliwell dem Jahre 1596 angehören soll. Und in der Tat ist dieses
Bittschreiben mit einem Widerspruche behaftet, der eins
und das andere möglich erscheinen lässt, aber zugleich eins
und das andere auch widerlegt. Denn während der sich auf
die Raumverhältnisse des erworbenen Grundstücks beziehende
Eingang der Bittschrift dem von Halliwell mitgeteilten, am
4. Februar 1596 von James Burbage mit Sir William More
von Loseley abgeschlossenen Kaufvertrage völlig entspricht,

---

*) Man findet es auch hier im Nachtrag 4 wiederholt.

weisen andere Stellen der Bittschrift entschieden auf eine weit frühere Zeit zurück; vor allem die zu ihrer Begründung aufgestellte Behauptung, dass es damals n o c h n i e ein Theater in Blackfriars gegeben habe, sowie die Beziehung auf die Ausweisung aller Schaustellungen aus dem Bereiche der City, die hier n u r e b e n e r s t stattgefunden haben soll. Es ist dieser Widerspruch, der auch die Bittschrift selbst nicht einwandfrei macht. Schlimmer noch ist es mit der Gegenvorstellung der Schauspieler bestellt, die sich nach Collier ebenfalls im States-paper office befinden und hier einer zweiten Bittschrift von Bewohnern Blackfriars anhängen soll, die niemand ausser Collier erblickt zu haben scheint. Hier wird nach ihm behauptet, dass es sich im Jahre 1596 gar nicht um den Neubau eines Theaters, sondern nur um die Wiederherstellung und zeitgemässe Verbesserung des in Verfall geratenen alten gehandelt habe, was durch den Kaufvertrag zwischen James Burbage und Sir William More of Loseley aber aufs entschiedenste widerlegt wird und auch mit der erstgedachten Bittschrift in Widerspruch steht. Das alte Blackfriartheater, wann und von wem es immer erbaut wurde, hat damals sicher nicht mehr bestanden, sonst würde der alte James Burbage dort kein neues errichtet haben. Wie es sich aber auch mit jenen Bittschriften verhalten mag, so ist doch 1596 wegen dieses neuen Theaters von einigen Bewohnern Blackfriars eine Bittschrift an den Geheimenrat wirklich ergangen, wenn sie auch mit der uns vorliegenden kaum wörtlich übereingestimmt haben mag. Wird sie in einem Erlasse des Londoner Magistrats (corporation of London) vom 21. Januar 1618—1619 doch ausdrücklich erwähnt und dabei in den Monat November jenes Jahres gelegt. (Halliwell, a. a. O. I. 311.)*) Die Antwort des Geheimen Rates darauf ist bis jetzt zwar nicht aufzufinden gewesen. Das Theater aber wurde gebaut. Wenn man dem eben gedachten Erlasse des Londoner Magistrats überall Glauben

*) Siehe Nachtrag 5.

schenken wollte, so würde die Bittschrift gleichwohl erreicht haben, dass alle Spiele darin verboten worden wären. (That their honors then forbad the use of the said house.) Dies ist geflissentlich ungenau. Privately wurde darin immer gespielt und durfte darin immer gespielt werden. Es ist sogar ungewiss, ob dem Besitzer des Blackfriar-Theaters diese Beschränkung auferlegt wurde und er sich ihr notgedrungen unterworfen hat, oder ob er und seine Berater sie aus freiem Antriebe in Vorschlag brachten, um hierdurch einen grossen Teil der gebildeten Klassen, der sich, besonders die Frauen, den öffentlichen Vorstellungen bisher fern gehalten hatte, dem Theater noch zu gewinnen. Wahrscheinlicher ist wohl das letztere, weil es sich als ein dringendes Bedürfnis für dessen gedeihliche Weiterentwickelung herausstellte und mit dem Bau des Theaters schon vor jener Klageschrift diesem Zwecke entsprechend begonnen worden war. Auch mag die schon jetzt drohende Einschränkung der öffentlichen Vorstellungen darauf mit von Einfluss gewesen sein, weil die privaten Vorstellungen dafür einen Ersatz versprachen. Ausführbar war die Sache nur, wenn diesem neuen Theater, das den Namen eines p r i v a t e n erhielt, eine etwas veränderte Bauart und Einrichtung, sowie ein anderer Charakter, als den bisherigen öffentlichen Theatern, gegeben wurde, was offenbar schon bei der Erwerbung des Hauses vom Unternehmer bedacht worden war.

Als Malone und Collier über diesen Gegensatz schrieben, haben sie fast nur die veränderte Bauart des neuen Blackfriar-Theaters ins Auge gefasst und sich für unfähig erklärt, darzulegen, worin der Unterschied von private- und public-houses sonst noch bestand, obwohl schon diese Bezeichnungen darauf hinwiesen. „Was die unterscheidenden Merkmale eines privaten Theaters waren" — sagt Malone (a. a. O. S. 65) — „ist nicht leicht, festzustellen.. Wir wissen nur, dass sie kleiner als die öffentlichen waren und die Vorstellungen darin gewöhnlich bei Kerzenlicht stattfanden." „Unsere alten Theater," heisst es bei Collier (a. a. O. III. 335),

„waren entweder öffentliche oder private" — worauf er die charakteristischen Merkmale aufzählt, die diese von jenen unterschieden. Das Wichtigste davon ist, dass in den private-houses der Yard sowie das ganze Haus gedeckt und gedielt und mit Sitzen versehen war und nun den Namen des Pit erhielt. Die Zuschauer waren nun also auch hier vor den Un-bilden des Wetters geschützt, die Plätze aber natürlich auch teurer, als die in den public-houses ihnen preisgegebenen Stehplätze. Dies führte eine andere, feinere Zuhörerschaft in diesen so wichtigen Zuschauerraum. „Die Zuschauer der privaten Theater bestanden gewöhnlich aus Personen der höheren Gesellschaftsklassen" — ist alles, was Collier inbe-zug auf den Charakter dieser Theater äussert. Bei Malone hiess es schon vor ihm: „The exhibitions at the Globe seem to have been calculated chiefly for the lower class of people, those of Blackfriars for a more select and judicious audience" (a. a. O. 71). Auch spätere Theaterschriftsteller scheinen dieser Sache nicht näher getreten zu sein. Collier rechnet den privaten Theatern schon das a l t e Blackfriar-Theater zu. Dies war jedoch irrig. Erst das 1596 entstandene Blackfriar-Theater erhielt diesen Namen. Erst mit ihm entstand der Gegensatz von private- und public-houses. Es wurde vorbildlich für alle später entstandenen Theater dieser Art. Zuerst das Whitefriar-Theater, das schon 1604 auf dem Titelblatte der Quarto von Marstons Insatiate countess (Dodsley, Old Plays. 1825, IV) angeführt wird. Dann das auf den Trümmern des Cockpit sich erhebende Phönix-theater und noch etwas später das Salisbury-Court-Theater. Wenn die drohende Einschränkung der öffentlichen Vor-stellungen auch nicht auf die Entstehung des ersten private-house eingewirkt haben sollte, so hat sie doch die Weiterent-wicklung dieser Theater sicher gefördert. — Das neue Black-friar-Theater war nur ein Anbau von kleinen Verhältnissen, was zur Einführung einer Unsitte Veranlassung gegeben haben mag, die mit dem Zwecke, den man mutmasslich mit diesem Theater verfolgte, in auffallendem Widerspruch

stand: des Sitzens von Zuschauern während des Spiels auf
der Bühne. Sie blieb aber nicht, wie Collier meint, auf die
privaten Theater beschränkt. Sie ging auf die öffentlichen
über, doch nur auf diejenigen, bei denen der Bühnenraum
vom Zuschauerraum seitlich ganz abgeschlossen war. Nur
sass man hier nicht so sicher wie dort vor den Verhöhnungen
und Unbilden der Zuschauer des Yard, deren die Besucher
des Pit in den private-houses sich enthielten. Auf der von
drei Seiten von Zuschauern umstandenen offenen Bühne,
wie der des Swan- und des Red-Bull-Theaters, wird es sicher
nie Zuschauer auf der Bühne gegeben haben, weil dies die
seitlichen „Understanders", denen sie die Aussicht beschränkt
haben würden, gewiss nicht geduldet hätten. Ich bin übrigens
überzeugt, dass diese Unsitte auch auf den anderen Theatern
nicht bei allen Stücken Platz greifen konnte, aus Gründen,
die ich später entwickeln werde.

Dem neuen Blackfriar-Theater wurde demnach der besondere Charakter durch die Beschränkung zuteil, die dem
Zutritt zu seinen Vorstellungen ursprünglich auferlegt war.
Durften doch diese wahrscheinlich nur auf Bestellung vor-
nehmer oder reicher Persönlichkeiten vor geladenen Gästen
oder vor Vereinen stattfinden, deren Mitglieder berechtigt
waren, Gäste als Zuschauer einzuführen. Derartige Vorstellungen, die mit Recht als private bezeichnet werden
durften, hatten vor den öffentlichen, zu denen jeder für sein
Geld einen Platz beanspruchen konnte, manches voraus,
schon weil die Behörden sich nicht in sie einmischten, was
als ein nicht zu ertragender Eingriff in die persönliche Freiheit erschienen sein würde. Alle auf die Theater bezüglichen
obrigkeitlichen Verordnungen jener Zeit, die wir kennen,
waren immer nur auf die öffentlichen Vorstellungen der
Theater gerichtet. Die privaten waren weder an eine bestimmte Darstellungszeit, noch ihre Darstellungen an eine
bestimmte Dauer gebunden. Vor den privaten Vorstellungen
in den Palästen der Vornehmen und in den Häusern der
Reichen boten die in den privaten Theatern den Zuschauern

noch die grössere Freiheit dar, ihr Urteil zu äussern. Der Hauptvorzug vor den öffentlichen lag aber darin: dass hier, wie dort, die Stücke der Dichter vor einem durchaus anständigen und fast allgemein gebildeten Publikum dargestellt werden konnten.

Der Gegensatz von privaten und öffentlichen Darstellungen in London ist so alt, wie die öffentlichen Darstellungen von Berufsschauspielern daselbst, weil diese nur dann die Berechtigung, hier solche zu geben, erhielten, wenn sie in dem Dienst und dem Schutz eines der angesehensten Grossen des Reichs standen. Er beruht lediglich hierauf, und die privaten Vorstellungen waren hiernach daselbst die älteren.

Das erste Anzeichen von der Eröffnung des neuen Blackfriar-Theaters und des dadurch ins Leben getretenen Gegensatzes von privaten und öffentlichen Theatern findet sich auf den Titelblättern von einigen Einzelausgaben Shakespearescher Stücke. Bisher hatte es nämlich auf diesen, soweit sie sich auf Vorstellungen der Lord Kammerherrntruppe bezogen, keine besondere Hervorhebung gefunden, zu ö f f e n t l i c h e r Vorstellung gebracht worden zu sein. Die Quarto von Romeo und Julia und die von Richard II., beide von 1597, enthalten zum ersten Male auf dem Titelblatte diese Hervorhebung, die man kaum anders als im Gegensatz zu den privaten Aufführungen im neuen Blackfriar-Theater auffassen kann.*) Sie zeigt sich nun noch bei einigen anderen Einzelausgaben Shakespearescher Stücke. Später liess man sie wieder fallen. Vereinzelt habe ich sie schon vor 1597 bei Stücken anderer Dichter und Theater gefunden. So auf dem Titelblatte der Quarto von „The wounds of Civil war" des Thomas Lodge von 1594 (Dodsley a. a. O. VIII. 85) und der Quarto des älteren König Johann von

---

*) Nach dem Titelblatte der Quarto von 1597 wurde Romeo und Julia bis dahin von den Dienern des Lord Hunsdon gespielt; diesen Namen führte nach Malone die Lord-Kammerherrntruppe vom Juli 1596 bis April 1597.

1591. Dort dürfte es deshalb geschehen sein, weil das Lodge-
sche Stück zunächst p r i v a t i m a u f e i n e m ö f f e n t -
l i c h e n Theater zur Darstellung gebracht worden war. Denn
einzelne private Vorstellungen mögen auf diesen Theatern
schon seit längerer Zeit stattgefunden haben, was letztere
aber noch keineswegs zu privaten Theatern machte. Die
Hervorhebung auf dem Titelblatte des älteren König Johann von 1591: „von den Schauspielern der K ö n i g i n
zu ö f f e n t l i c h e r Darstellung gebracht worden zu sein"
— weist vielleicht darauf hin, dass diese Schauspieler erst
seit kurzem ermächtigt worden waren, ausser ihren dienst-
lichen Vorstellungen bei Hofe auch öffentliche Vorstellungen
zu geben, oder dass König Johann bis dahin noch nicht von
ihnen bei Hofe gespielt worden war. Möglicherweise haben
dergleichen private Vorstellungen in ö f f e n t l i c h e n
Theatern die erste Anregung zur Errichtung des ersten privaten Theaters gegeben. Nachweis von seiner Eröffnung
und von Vorstellungen, die darin stattfanden, bieten ferner
die Titelblätter verschiedener Quartos von Stücken Marstons, Chapmans und Middletons aus den Jahren von 1599
bis 1608 dar (wobei zu bemerken, dass die Stücke immer
früher gespielt, als durch den Druck veröffentlicht wurden),
insofern sie die Angabe enthalten: in Blackfriars von den
Children of St. Pauls (den späteren Children of Her Majesties
revels) gespielt worden zu sein.*) Bei manchen wird nicht
gesagt, ob privatim. Nur auf den Titelblättern der Quarto
von Middletons „Blurt Master Constable", von Dekkers
„Satiro Mastix" (beide von 1602) und von Middletons „A
trick to catch the old one" von 1608 ist letzteres (privately)
ausdrücklich hervorgehoben. Es kann mit den übrigen sich
auch nicht anders verhalten haben, da die Children of St.
Pauls damals noch immer unter dem Verbote standen, öffentliche Vorstellungen geben zu dürfen, das sie sich durch gewisse Uebergriffe in den Marprelate-Händeln zugezogen

---

*) S. den Nachtrag 6.

hatten. Man hat zwar behauptet, dieses Verbot sei schon vor 1600 wieder aufgehoben worden. Es liegt aber kein Beweis dafür vor. Hatte die Königin dem Drängen der puritanischen Eiferer doch gerade damals soweit nachgegeben, um alle öffentlichen Vorstellungen in London ganz zu verbieten, mit alleiniger Ausnahme derer der Truppe des Lord Kammerherrn und der des Lord Admirals, die aber dabei, jene auf ihr 1599 fertig gewordenes neues Haus: das Globe-Theater, diese, an deren Spitze jetzt Eduard Alleyn und Henslowe standen, auf das erst im folgenden Jahre zu eröffnende Fortune-Theater, und beide auf nur zwei Tage in der Woche, eingeschränkt wurden. Die Children of St. Pauls waren von diesem Verbote ebensowenig ausgenommen, wie das Blackfriar-Theater. Die Vorstellungen, die in letzterem stattfanden und die Children of St. Pauls hier gaben, konnten daher berechtigterweise nur private sein, zumal der vorerwähnte Befehl der Königin durch Verordnung vom Dezember 1601 noch verschärft wurde. Wohl aber könnte sich vielleicht eine Stelle in dem von Jacob I. (nach Collier) am 30. (nach Hazlitt am 31. Januar 1603) erlassenen Patente, das sich (nach Collier) im Chapterhouse, Westminster, befindet und (nach Hazlitt) im Originale vorliegt, hierin als eine Veränderung ansprechen lassen. Dieses Patent, durch welches, wie Collier sagt, die Children of St. Pauls zu Children of her Majesties revels ernannt wurden, hatte, obschon es die Errichtung einer ganz neuen Kindertruppe anzuordnen scheint, in der Tat zugleich den Zweck, den Children of St. Pauls eine neue Verfassung behufs ihrer besseren Weiterentwickelung zu geben. Denn da die Children of her Majesties revels, wie verschiedene der von mir im Nachtrag 6 angeführten Titelblätter von Stücken beweisen, die von ihnen dargestellt wurden, weiter fort in St. Pauls und, nach dem von den Children of St. Pauls mit Burbage abgeschlossenen Vertrage, in Blackfriars spielten, so mussten auch diese in jene mit eingegangen sein. Die in dem vorgedachten Patente angezogene Stelle aber lautet: „Provided always that no such Playes or Shewes shall be presented before the said Queene, our wife, by the said children, or by them any where p u b l i c k - l y acted, but by the approbation and allowance of Samuel Daniell, whom her pleasure is to appoint for that purpose." Allein der Ausdruck „publickly" bezieht sich hier weder auf die Erteilung eines neuen Rechtes, noch auf die Aufhebung einer früheren Verordnung und soll nur den Gegensatz bezeichnen, der zwischen den Vorstellungen vor der Königin und denen vor einer anderen Zuhörerschaft bestand. Denn schliesslich konnte doch jeder, der Zeit und Geld dazu hatte, oder einem der darauf gerichteten Vereine angehörte, sich eine private Vorstellung leisten. Auch liegt kein bestimmter Beweis dafür vor, dass die Children of her Majesties revels je ö f f e n t l i c h in Blackfriars gespielt haben, insbesondere weist, so viel ich weiss, kein Titelblatt eines der von ihnen hier aufgeführten Stücke bestimmt darauf hin. Selbst die Lord Kammerherrntruppe, die durch das Patent Jacob I. vom 19. Mai 1603 zu Schauspielern des Königs ernannt wurde, hatte auch weiterhin nur das Recht, öffentliche Vorstellungen im Globetheater zu geben, und erst durch Patent vom 27. März 1619—1620 wurde dies noch auf ihr „private-house situate in the precincts of the Blackfriars" mit ausgedehnt. Da aber, wie aus der von Halliwell (a. a. O. 311) mitgeteilten Verordnung des Londoner Magistrats (corporation of London) vom 21. Januar 1618—1619, die Unterdrückung des Blackfriartheaters betreffend, hervorgeht, das Verbot, darin öffentlich zu spielen, noch immer bestand, und die Children of her Majesties revels, als sie um 1608 oder 1609 Blackfriars verliessen, wieder ein private-house, das von Whitefriars bezogen, so ist wohl kein Zweifel, dass auch sie noch immer auf private Vorstellungen beschränkt waren und auch in Blackfriars nur solche gegeben haben werden. 1609 wurde in Whitefriars von ihnen nachweislich Ben Jonsons „Epicoene" und etwas später N. Fields „Woman is a weather-Cock", beide privately gespielt.

Der Behauptung Halliwells: Die children of St. Pauls,

die späteren children of her Majesties revels, hätten bis zu
ihrer Ausschliessung um 1608 oder 1609 ganz allein in dem
neuen Blackfriartheater gespielt, liegen nur einige Angaben
zugrunde, die in einem von ihm aufgefundenen und von
ihm mitgeteilten Bittschreiben enthalten sind, das, wie sich
aus ihm ergibt, 1636 von Cutbert Burbage, sowie von Wini-
frid, der Witwe, und William, dem Sohne seines Bruders,
des berühmten Schauspielers Richard, der 1619 gestorben
war, an den Lord Kammerherrn Philipp, Grafen von Pembroke und Montgomery gerichtet worden war. Hier nämlich
heisst es unter anderem: „Was nun Blackfriars betrifft, so
haben wir es ererbt; unser Vater" (damit ist James Burbage,
der Vater von Richard und Cutbert Burbage gemeint) „hat
es teuer erkauft und mit grossen Kosten und Mühen in ein
Theater verwandelt und dann an einen gewissen Evans (to
one Evans) verpachtet, der die Knaben heranbildete, die
man the Queenes Majesties Children of the Chapell" (damit
sind die Kapellknaben von St. Pauls gemeint) „zu nennen
pflegte. Da aber die Knaben mit der Zeit zu Männern heran-
wuchsen, so wurden manche von ihnen, wie Underwood,
Field, Oestler in den Dienst des Königs gezogen und um
diesen zu stärken und da die Knaben von Tag zu Tag mehr
herunterkamen (wearing out), überlegten wir, o b w i r d a s
H a u s n i c h t s e l b s t b e n ü t z e n s o l l t e n. Wir
kauften von Evan die noch nicht ganz abgelaufene Pachtzeit
zurück und ersetzten die Kinder durch erwachsene Schauspieler, wie Heminge, Condell, S h a k e s p e a r e." Aus
dieser letzten Angabe glaubte Halliwell noch schliessen zu
dürfen, dass Shakespeare damals (1609) noch immer als
Schauspieler tätig war. Collier, gestützt auf die Tatsache, dass
dessen Name sich 1605 nicht mehr unter den Darstellern von
Ben Jonsons Volpone or the Fox mit aufgeführt befindet,
schliesst daraus mit besserem Grunde, dass er sich zu dieser
Zeit schon als Schauspieler von der Bühne zurückgezogen
haben werde, obschon er jedenfalls noch mehrere Jahre Mitglied und Teilhaber (sharer) der Schauspieler des Königs

blieb. Diese Darstellung des hier vorliegenden Dokuments ist ja überhaupt, wie sich leicht dartun lässt, ebenso ungenau, wie unwahrscheinlich. Ein so geschäftserfahrener Mann, wie der alte Burbage, wird unmöglich am Abend seines Lebens mit „grossen Mühen und Kosten" ein Theater errichtet haben, nur um den von Shakespeare (falls sich die bekannte Stelle in Hamlet auf sie bezieht) so geringschätzig beurteilten Children of St. Pauls eine Stätte zu bereiten, zumal es sich sehr leicht einrichten liess, dass seine eigene Truppe abwechselnd neben ihnen spielte, wie die Children of St. Pauls, die späteren children of her Majesties revels, nachweislich noch daneben in ihrem Schultheater zu St. Pauls gespielt haben (siehe den Nachtrag 6). Auch steht jene Darstellung in einem gewissen Widerspruch zu dem Patente Jacob I. vom 30. oder 31. Januar 1603—1604. Vergebens sucht man nämlich darin nach dem Namen Evans oder Evan, der dort als der Erzieher und Leiter der Knaben dargestellt wird. Wie aus der von mir im Nachtrag 7 ausgehobenen Stelle des Patentes ersichtlich ist, wurden damals ganz andere Persönlichkeiten mit diesem Amte betraut, nämlich Eduard Kirkham, Alexander Hawkins, Thomas Kindall und Robert Payne, die aber selbst wieder dem bekannten Dichter Samuel Daniel unterstellt waren. Evan war damals vielleicht schon gestorben oder doch entlassen und dann wohl auch abgefunden worden, so dass 1608 oder 1609 nicht mehr mit ihm über jenen Vertrag verhandelt werden konnte. Richtig ist es dagegen, dass, wenn die Knaben von St. Pauls zu Männern herangewachsen waren, sie zu Truppen der eigentlichen Berufsschauspieler übergingen und Underwood, Field, Oestler auf diese Weise in den Dienst des Königs gelangten, die Children of St. Pauls hierdurch aber zeitweilig etwas heruntergekommen sein mögen. Dies wurde jedoch nach ihrer Umbildung in die Children of her Majesties revels (die sich teilweise hierdurch erklärt), wahrscheinlich bald wieder anders. Auch traten die zu Männern herangewachsenen Knaben nun sehr bald in die aus ihnen hervorgehende Company of the Kings and the

Queenes young players, die unter William Bieston im Cock-
pittheater spielte. Der in dem Bittschreiben angegebene
Grund der Auflösung des mit Evan eingegangenen Vertrags
wird daher wahrscheinlich nur ein vorgeschützter gewesen
sein, weil man sich scheute, den wahren zu nennen, der vielleicht in den Worten zu finden ist, die Shakespeare im Hamlet
Rosenkranz in den Mund gelegt hat: „Es hat sich eine Brut
von Kindern eingefunden, die immer über das Gespräch hin-
ausschreien und höchst grausamlich dafür beklatscht werden.
D i e s e   s i n d   j e t z t   M o d e." Anfangs mag man nicht
befürchtet haben, durch sie benachteiligt werden zu können.
Jetzt aber dürfte erwogen worden sein, ob die Einbusse,
die man durch sie erlitt, nicht grösser war, als der Ertrag des
von ihnen gezahlten Pachtzinses. Wenn Halliwells Behauptung zutreffend wäre, so würde Shakespeare wahrscheinlich nie im Blackfriartheater gespielt haben. Dies ist aber
schon deshalb sehr unwahrscheinlich, weil dieses Theater
und dessen Publikum der Geistesrichtung, die Shakespeares
Stücke von 1594 an zeigen, besonders entsprach. Eher ist
zu vermuten, dass er auf dessen Gründung einen entschei-
denden Einfluss ausgeübt hat, um diese Stücke darin zur
Aufführung gebracht zu sehen. E s   i s t   a b e r   a u c h
n a c h w e i s l i c h   u n r i c h t i g. Die Lord Kammerherrntruppe spielte jedenfalls schon seit der Eröffnung dieses
Theaters darin. Ich habe dafür schon auf die Hervorhebung
hinweisen können, (siehe S. 34), die es seit 1597 auf den Titelblättern einiger Drucke Shakespearescher Stücke gefunden
hat, gleichviel wo? zu ö f f e n t l i c h e r Darstellung gekommen zu sein, was auf Privatvorstellungen dieser Stücke
auf einem anderen Theater, d. i. auf dem neuen Blackfriartheater, das der sie aufführenden Truppe angehörte, hinzu-
deuten scheint. Ein ganz unanfechtbarer Beweis (freilich
ein einziger) liegt in der schon von Malone hervorgehobenen
Tatsache vor, dass hier 1604 von den Schauspielern des
Königs The malcontent von Marston zur Darstellung kam.
Da das Stück wahrscheinlich schon um 1600 geschrieben

worden ist, so dürften die Aufführungen davon bis dahin zurückreichen. Das Titelblatt der mit einem Vorspiel von Webster versehenen Ausgabe von 1604 bestätigt die Angabe Malones (Dodsley, a. a. O. IV, 98), ohne doch die private Art der Darstellung hervorzuheben. Auch liegen verschiedene in diese Zeit fallende Quartos von Stücken Chapmans u. a. vor, die nach den Titelblättern im Blackfriartheater zur Aufführung gekommen sind, ohne besondere Angabe durch wen und ob öffentlich oder privatim. Möglicherweise kann auch von ihnen eines oder das andere hier von der Lord Kammerherrntruppe gespielt worden sein. Von den Quartos Shakespearescher Stücke enthält nur das Titelblatt der Quarto des Othello von 1622 eine Erwähnung des Blackfriartheaters. Sie lautet: „As it hath beene diverse times acted at the Globe and at the Blackfriars by his Majesties servants." Da nach Malone Othello schon 1604 gespielt wurde (er sagt nicht wo?), so ist es immerhin möglich, dass auch die Vorstellungen dieses Stücks auf den vorbenannten b e i d e n Theatern bis dahin zurückreichen. Dies ist in bezug auf Websters „Duchess of Malfy", von der das Titelblatt der Ausgabe von 1623 die Bemerkung enthält: „As it was presented p r i v a t e l y at the Blackfriars and p u b l i q u e l y at the Globe of the Kings Majesties servants" — freilich nicht möglich. Da das Stück nach A. Dyce um 1616 entstanden ist, so können die Aufführungen davon sich nicht weiter zurückerstrecken. — Auch in der hier in Rede stehenden Bittschrift des Cutbert Burbage und Genossen liegt wohl nicht das Original, sondern nur eine Abschrift vor. Halliwell, der der oben davon ausgehobenen Stelle eine so grosse Bedeutung zuerkannte, um von ihr ein Facsimile zu geben, sagt in dieser Beziehung, dass es dem „original contemporary transcript in the Public Record Office" entnommen und nachgebildet · worden sei. Jedenfalls ist es in verschiedenen Punkten zu ungenau, ja selbst zu unrichtig, um ihm überall vertrauen zu können. Man braucht deshalb noch gar nicht an Fälschung zu denken. Es ist aus so später und unvollkommener Erinnerung geschrieben, dass schon hieraus die meisten Irrungen und Unrichtigkeiten erklärlich sein würden. Was den mitunterzeichneten William Burbage betrifft, so war er erst 1616, drei Jahre vor seines Vaters Tode geboren und hat wohl nie einen tieferen Einblick in die Verhältnisse jener ziemlich weit zurückliegenden Zeit gewonnen. Seine Mutter, die erst 1601 Richard Burbage geheiratet hatte, mag ihnen dazu wohl auch zu fern gestanden haben. Als Cutbert, nach seines Bruders Tode, der bis dahin wahrscheinlich auch sein Interesse am Theater vertreten hatte, da er weder der Lord Kammerherrntruppe, noch später den Schauspielern des Königs angehört hat, was das Blackfriartheater betraf, die Verwaltung ihres und ihres Sohnes Besitz daran übernahm, geschah es wohl immer nur in der Eigenschaft als Verpachter desselben. Er wird wohl kaum Veranlassung gefunden haben, sich um frühere, längst zum Abschluss gekommene Verhältnisse, wie das zwischen der Lord Kammerherrntruppe und den Children of St. Pauls, zu bekümmern.

Die Absicht, die der Londoner Magistrat nach der Verordnung vom 21. Januar 1618—1619 verfolgt hatte, dem Blackfriartheater ein vorzeitiges Ende zu bereiten, ward von ihm nicht erreicht. Wahrscheinlich, weil die Schauspieler des Königs bei dem Geheimen Rate Verwahrung dagegen eingelegt und die dafür aufgestellten Gründe und Anschuldigungen*) zu widerlegen vermocht hatten. Doch fehlt es dafür an aktenmässigen Belegen. Ich glaube es aber aus der Tatsache schliessen zu dürfen, dass, wie ich schon darlegte (siehe S. 37) die Schauspieler des Königs nur kurze Zeit später durch Dekret vom 27. März 1619—1620 ermächtigt wurden, auch im Blackfriartheater öffentliche Vorstellungen, wie in ihrem Globetheater zu geben; ein Dekret, das von dem Nachfolger Jacob I. unter dem 24. Juni 1625 bestätigt und erneuert wurde (Hazlitt, The English Drama and Stage under the Tudor and Stuart Princes. 1869, 50 und 57). Wahr-

---

*) S. Nachtrag 8.

scheinlich hatte der Londoner Magistrat die Vorstellungen vor Vereinen, deren Mitglieder die ihnen zufallenden Plätze an Verwandte, Freunde und nahe Bekannte vergeben durften, sie aber gelegentlich auch an Fernerstehende verkauft haben mochten, für öffentliche erklärt. Der Geheime Rat scheint aber dann dieser Ansicht nicht beigetreten zu sein und auch die übrigen Behauptungen für übertrieben gehalten zu haben. Wogegen für ihn die Tatsache ins Gewicht gefallen sein mochte, dass die Haltung der Zuhörer in den kleinen private-houses, deren Einrichtungen die roheren, lärmenden Elemente ausschlossen, die die Yards der grossen öffentlichen Theater erfüllten und hier den Ton angaben, um vieles anständiger und ruhiger, als in letzteren war. Man überzeugte sich wohl sogar, dass dies auf die Entwickelung der dramatischen Dichtung einen günstigen Einfluss ausübte, und selbst öffentliche Vorstellungen in diesen Häusern nichts daran ändern würden.

Zunächst ist der fast völlige Mangel an bestimmten Nachweisen von den in der Zeit von 1597—1609 von der Lord Kammerherrntruppe, den späteren Schauspielern des Königs, im neuen Blackfriartheater gegebenen Vorstellungen sehr auffällig, da doch von denen der gleichzeitig hier von den Children of St. Pauls, den späteren Children of her Majesties revels zur Aufführung gebrachten Stücken verhältnismässig viele vorliegen. Doch erklärt sich beides sehr leicht. Diese gaben n u r private Vorstellungen, im Blackfriartheater sowohl, als in ihrem Schultheater zu St. Paul. Den Drucken der damals von ihnen zur Aufführung gebrachten Stücke konnten daher nur Fassungen zugrunde liegen, die für private Aufführungen bestimmt waren, von denen die im Blackfriartheater bevorzugt wurden. Jene aber gaben ausser ihren privaten Vorstellungen im Blackfriartheater noch öffentliche Vorstellungen im Globetheater, und die Verleger der von ihnen hier und dort aufgeführten Stücke legten aus noch darzulegenden Gründen ihren Drucken vorzugsweise die kürzeren Fassungen der öffentlichen Vorstel-

lungen im Globetheater zugrunde, worauf daher die Titelblätter auch nur Bezug nehmen konnten. Daneben zeigen
sich aber auf beiden Seiten noch Nachweise, die nur auf die
Namen der Truppen beschränkt sind, Ort und Art der Darstellung, ob privately oder publicly aber ganz unberührt
lassen. Besonders häufig zeigen sie sich bei Stücken der
Lord Kammerherrntruppe, der späteren Schauspieler des
Königs, wie verschiedene Quartos von Richard III, Heinrich V., Heinrich VI., Hamlet, dem Kaufmann von Venedig,
den lustigen Weibern von Windsor beweisen, die sich daher
ebensowohl auf das Blackfriartheater, als auf das Globetheater beziehen lassen. Auch liegen für die Darstellungen
der Schauspieler des Königs im Blackfriartheater von 1609
bis 1623 kaum mehr Nachweise vor, als für die Zeit von
1597—1609, obschon sie, selbst nach Halliwell und der Darstellung Cutbert Burbages, von jetzt an allein darin spielten.
Ich kenne deren nur zwei, den für die Aufführung von Shakespeares Othello und den für die Aufführung von Websters
Duchess of Malfy. Die Aufführungen von jenen aber reichen
nachweislich bis um 1604 zurück.

Aus allem, was ich hier darlegen konnte, glaube ich
daher mit voller Sicherheit schliessen zu dürfen, dass die
privaten Theater, und das Blackfriartheater vor allen anderen, diese Bezeichnung deshalb erhielten, weil ursprünglich
darin n u r private Vorstellungen stattfanden und stattfinden durften und James Burbage sein neues Blackfriartheater wesentlich darum gebaut hatte, um hierin selbst
durch die Lord Kammerherrntruppe, an deren Spitze er stand,
dergleichen Vorstellungen geben zu lassen, was er denn auch
ohne Zweifel vom Tage der Eröffnung an tat. Da er jedoch
nicht alle Tage der Woche darin spielen konnte, weil er noch
öffentliche Vorstellungen im Globetheater und andere private Vorstellungen in den Häusern der Grossen zu geben
hatte, so verpachtete er es des besseren Ertrags wegen für
die übrigen Tage an die Children of St. Pauls, die damals
n u r private Vorstellungen geben durften und von denen

er wohl nur geringe Einbusse befürchten zu müssen glaubte. Neben diesen gab er hier also abwechselnd mit seiner Truppe private Vorstellungen, was nach seinem Tode von seinen Söhnen fortgesetzt wurde, bis diese es um 1608 oder 9 für vorteilhafter erachteten, das Verhältnis mit ihnen noch vor Ablauf des Vertrags wieder aufzulösen.

Der Gegensatz der privaten und der öffentlichen Darstellungen scheint einen bedeutenden Einfluss auf Shakespeares dramatische Entwicklung, auf seine Kompositions- und Darstellungsweise gewonnen zu haben, und zwar noch ehe an die Errichtung von private-houses gedacht wurde. Zunächst schrieb er wahrscheinlich nur für den gemischten Geschmack der öffentlichen Theater, in denen die vordringlichen und meist rohen Understanders des Yards vielfach den Ton angaben. Hatten die Stücke eines unbekannten Anfängers doch wenig Aussicht, in die Paläste der Vornehmen oder wohl gar an den Hof gezogen zu werden, wo Männer und Frauen der feinsten Bildung und des geläutertsten Kunstgeschmacks das Urteil bestimmten. Immerhin aber musste er die Aufmerksamkeit einzelner dieser Kreise auf sich gezogen und ihr Interesse erregt haben, um es wagen zu können, einem der glänzendsten der ihnen angehörenden jungen Männer öffentlich seine Huldigung darzubringen, indem er ihm zwei aus einem ganz anderen Geiste als seine früheren Arbeiten geborenen und auf einem ganz anderen Gebiete liegenden Dichtungen widmete. Mit „Venus und Adonis" und dem „Raub der Lucrezia" bewarb er sich zum ersten Male um die Anerkennung jener höheren Kreise und zwar mit einem Erfolge, der zu einem Wendepunkte seiner ganzen künstlerischen Entwicklung geworden zu sein scheint. Er hatte dabei eine ganz neue Anschauung der Welt gewonnen und eine neue Welt der Empfindung und des Ausdrucks in sich entdeckt. Neue Kräfte drängten mächtig in ihm zur Betätigung und zur Aussprache. Dies alles hiess ihn, diese neue Richtung auch bei seinem dramatischen Schaffen weiter verfolgen, ohne doch dabei das ihm eigene starke Natur-

gefühl und den lebendigen Sinn für das Volkstümliche auf-
zugeben, wodurch er Fühlung mit dem Publikum der öffen-
lichen Theater behielt, obschon er jetzt bei seinem dramatischen Schaffen vorzugsweise die Zuhörerschaft in den
Palästen der Grossen und später die des Blackfriartheaters
ins Auge fasste. Er wusste wohl, dass nun vieles in seinen
Stücken durch geistige Feinheit und Tiefe, durch Adel und
Schwung weit über den Geschmack und das Verständnis
der meisten Besucher des Globetheaters hinausging oder,
wie er es in Hamlet ausgedrückt hat, „Kaviar für den grossen Haufen (caviary for the general)" war, zugleich aber
auch, dass er ihres Beifalls gleichwohl sicher sein konnte.
Daher seine Stücke nicht selten früher im Globe-, als im
Blackfriartheater oder in den Häusern der Vornehmen gegeben werden konnten. Meinte doch Collier sogar: „es gibt
keinen Grund zu der Annahme, dass irgend eines der Shakespeareschen Stücke wo anders zum ersten Male zur Darstellung gelangte, als in einem Theater" — was er wohl
nur auf die öffentlichen Darstellungen in diesen bezog. Es
gab dafür aber einen sehr triftigen Grund. Wurde doch
damals die erste Aufführung eines Stücks fast noch höher,
als heute, geschätzt, was die doppelten Eintrittspreise beweisen, die man sich bei solcher Gelegenheit zahlen liess
und zahlen lassen konnte. Warum sollten die reichen und vornehmen Herren, die ihren Gästen eine schauspielerische Vorstellung darboten, nicht ebenfalls darauf Wert gelegt haben?
Shakespeare war übrigens nicht der einzige, der bei seinen
dramatischen Dichtungen den Bildungsgrad seiner Zuhörer
ins Auge fasste. Liess es in einer etwas späteren Zeit (1646)
Shirley im Prologe zu seinem The doubtful heir den Be-
suchern des Globetheaters doch geradezu ankündigen: das
Stück sei nicht für ihren geistigen Horizont (meridian), sondern für den der Besucher des Blackfriartheaters verfasst
worden.

Befremdender noch, als der Gegensatz in Ton und Haltung der meisten Shakespeareschen Stücke zu dem Bildungs-

grad und Verständnis des grösseren Teils der Zuhörerschaft der öffentlichen Theater ist die L ä n g e nicht weniger dieser Stücke, weil sie die Dauer, die sie hier einzuhalten hatten, weit überstieg. Mussten die öffentlichen Vorstellungen, die damals um 3 Uhr nachmittags begannen, doch schon vor Dunkelwerden schliessen. Dies schon allein schränkte im Winter ihre Dauer sehr ein. Doch kam noch die Ungeduld eines grossen Teils der Zuschauer dieser Theater hinzu, der bei aller Schaulust eine zu grosse Länge der Vorstellung nicht ertrug, weil er nach den derberen Genüssen verlangte, die nach ihr die umliegenden Schänken darboten. Shakespeare gibt im Prologe zu Romeo und Julia und in dem zu Heinrich VIII. die Dauer einer öffentlichen Vorstellung auf nur zwei Stunden, Ben Jonson dagegen auf zweieinhalb Stunden an. Auch im Prologe zu dem (nach Malone) im April 1638 im Blackfriartheater (wahrscheinlich öffentlich) zu erster Aufführung gelangten The unfortunate lovers von d'Avenant wird von zwei kurzen Stunden gesprochen. Die privaten Vorstellungen werden in vielen Stücken zwar auch keine längere Dauer gehabt haben, nur dass sie sie haben durften und konnten und in anderen Stücken auch hatten. Allerdings begünstigte die sogenannte Dekorationslosigkeit der damaligen Bühne trotz des häufigen Szenen- und Ortswechsels eine kürzere Dauer der Vorstellungen. Doch gab es in den Zwischenakten Musik*), die in mehreren Stücken der Zeit ausdrücklich vorgeschrieben erscheint. Auch ging den Stücken oft ein Prolog oder ein kurzes Vorspiel, wie in der Widerspenstigen Zähmung Shakespeares und im Malcontent Marstons voraus und ein Jig oder ein Epilog machte den Schluss. Ich habe die Länge der in der ersten Folio enthaltenen Stücke nach dem Cambridge Reprint der Gesamtausgabe von 1623 miteinander verglichen. Sie bewegt

---

*) Der Prolog zu „Hannibal and Scipio" (1637) spielt darauf an und in Marstons „Sophonisbe" finden sich sogar die Instrumente dazu vorgeschrieben (s. Malone, a. a. O. S. 119 u. 120). Die Musik stand dabei, wie es scheint, auf der Bühne.

sich zwischen 30 (Komödie der Irrungen) und $62^{1}/_{2}$ (Richard III.) Spalten. Zu den längsten gehören noch Cymbeline ($60^{1}/_{4}$), Hamlet ($60^{1}/_{4}$), Coriolan (59), Othello (58).*) Obschon sie bei dieser Länge gewiss nicht in zweieinhalb Stunden aufgeführt worden sein können, müssen sie doch so zur Aufführung gekommen sein, weil ihnen Theaterbücher (wohl meist Souffleurbücher) zugrunde liegen, die im Gebrauch waren. Dies kann nur bei Privatvorstellungen stattgefunden haben, daher es von diesen längeren Stücken für die öffentlichen Vorstellungen kürzere Abfassungen gegeben haben muss und wie die vor 1623 erschienenen Quartos erkennen lassen, wirklich auch gab.**) Es entstand hier die Frage, welche Abfassung nun die frühere, ursprüngliche war? Sie wurde meist zugunsten der kürzeren beantwortet. Wohl nur, weil die Quartos, als die früheren Drucke, meist diese enthielten, die erste Folio dagegen von denselben Stücken fast immer die längeren Fassungen. Dies schien sich durch nichts anderes erklären zu lassen, als durch Zusätze, die die kürzeren Abfassungen inzwischen erhalten hatten, sei es von Shakespeare selbst oder von anderer Hand. Und wahr ist es allerdings, dass damals, als die Dichter ihr Eigentumsrecht an den Stücken ganz an die Bühnen, die sie zur Aufführung brachten, abtraten, nicht

---

*) Hier folgen für die anderen die Angaben: Antonius und Cleopatra $56^{1}/_{4}$, Troilus und Cressida 55, Heinrich VIII. 55, Lear 53, Heinrich VI., II, $52^{1}/_{2}$, Das Wintermärchen $52^{1}/_{2}$, Heinrich IV., II, $52^{1}/_{2}$, Heinrich V. $52^{1}/_{2}$, Heinrich VI., III, 51, Heinrich IV., I, 50 , Romeo und Julia 49, Ende gut, alles gut $48^{1}/_{4}$, Heinrich VI., I, $46^{1}/_{2}$, Mass für Mass 46, Verlorene Liebesmüh $45^{1}/_{2}$, Richard II. $44^{1}/_{2}$, Die lustigen Weiber von Windsor $43^{1}/_{2}$, Wie es euch gefällt 43, König Johann 43, Die gezähmte Widerspenstige $42^{1}/_{2}$, Titus Andronicus $42^{1}/_{2}$, Julius Caesar $42^{1}/_{4}$, Viel Lärmen um nichts 42, Macbeth $41^{1}/_{2}$, Der Kaufmann von Venedig 41, Was ihr wollt 41, Timon von Athen $40^{1}/_{4}$, Die beiden Edelleute aus Verona 37, Der Sturm 36, Ein Sommernachtstraum 35.

**) Den Beweis dafür dürfte auch noch die Angabe auf dem Titelblatt der Ausgabe von 1623 von John Websters „The Dutchesse of Malfy" darbieten: „The perfect and exact Coppy, with diverse things Printed, that the length of the Play would not beare in the Presentment", was sich wohl nur auf die öffentlichen Vorstellungen bezog.

selten grosse Veränderungen darin vorgenommen wurden. Man glaubte frei damit schalten zu können. Wohl mochte es meist in der Absicht geschehen, die Wirkung der Stücke zu verstärken und einzelnes besser darin zu begründen oder gewisse Dunkelheiten darin aufzuhellen, wenn dies auch nicht immer erreicht wurde, sondern andere Übelstände herbeiführte. Diese Veränderungen bestanden dann nicht nur in Kürzungen und Zusammenziehungen, sondern auch in Einschaltungen und Zusätzen, zuweilen von ganz neuen Szenen mit neuen Personen. Ich erinnere dafür nur an die Parlamentsszene in Richard II., die jedenfalls von Shakespeare selbst herrührt, an die Zusätze Ben Jonsons zu Kyds „Spanish Tragedy" und diejenigen Websters zu Marstons „Malcontent". Auch ist es mehr als wahrscheinlich, dass die Gespräche des Narren in Othello und das Schlusswort des Narren in der 2. Szene des dritten Aktes von Lear spätere Zusätze fremder Hand zugunsten der Darsteller des Narren sind. Im allgemeinen wird man jedoch damals, gerade wie jetzt, die Wirkung der Stücke mehr durch Kürzungen und Zusammenziehungen, als durch Zusätze und Erweiterungen steigern zu können geglaubt haben; daher die Stücke wohl häufiger ursprünglich länger, als später, gewesen sein dürften, was besonders von denjenigen gilt, deren Länge (in der längeren Fassung) das für die öffentlichen Vorstellungen bedingte Zeitmass entschieden überstieg. Doch auch noch andre Verhältnisse sprechen dafür. Wir sahen, zu welchen verwerflichen Mitteln gewissenlose Verleger griffen, um durch Kürzung der von ihnen zu veröffentlichenden Stücke die Herstellungskosten des Druckes zu verringern. Ist es da nicht in hohem Grade wahrscheinlich, dass selbst die gewissenhafteren, vor die Wahl zwischen einer längeren und einer kürzeren Fassung gestellt, sich für letztere entschieden? Daher die kürzeren Fassungen der Quartos, obschon sie früher durch den Druck an die Öffentlichkeit traten, als die längeren der ersten Folio, noch kein Beweis dafür sind, auch früher als diese entstanden zu sein. Grade weil Shakespeare, wie ich dargelegt habe, seine Stücke sehr bald mit besonderer Rücksicht auf die Kreise der höchsten Bildung schrieb, die er bei den privaten Vorstellungen zu Zuhörern hatte, ist die Annahme gerechtfertigt, dass die längeren Fassungen in der Regel die ursprünglichen waren, weil er sich hier frei von den Beschränkungen fühlen musste, die den Dichtern bei den öffentlichen Vorstellungen auferlegt waren. Hier konnte er sich in bezug auf die Dauer der Vorstellung seinem Genius frei überlassen und sich nur durch den Reichtum der gewählten Stoffe und Motive und das, was er durch sie zum Ausdruck zu bringen suchte, bestimmen lassen. Es liegt uns dafür ein Beleg in den beiden Quartos des Lear von 1608 vor Augen (von denen die eine nur ein Abdruck der andern ist). Nach den Titelblättern liegt ihnen die Fassung zugrunde, in der das Stück 1606 in der Weihnachtszeit vor Jakob I. gespielt worden ist (as it was played before the Kinges Majestie at Whitehall upon Sainct Stephans night in Christmassholydayes last by his Majesties servants playing usually at the Globe on the Banckside). Die Beziehung auf das Globetheater lässt es möglich erscheinen, dass das Stück, das wahrscheinlich nur etwa zwei bis drei Jahre früher entstanden sein mag und hier in der längeren Fasssung vorliegt, dort in der kürzeren, wie sie die erste Folio etwa gibt, schon vorher aufgeführt worden ist. Wenn diese kürzere Fassung die frühere gewesen wäre, so müsste freilich alles, was die Quartos mehr als die Folio enthalten, in nur zwei bis drei Jahren hinzugefügt worden sein, was wohl zu bezweifeln ist. Wogegen für die Kürzung der ursprünglich längeren Fassung ein zwingender Grund wirklich vorliegt. Nach der Zählung von Dr. Richard Koppel (Textkritische Studien über Shakespeares Richard III. und König Lear. Dresden 1877) enthalten die Quartos des Lear 287 Zeilen, die der ersten Folio fehlen; diese dagegen 110 Zeilen, die nicht in den Quartos enthalten sind. Diese mussten entweder auf späteren Zusätzen beruhen, oder auch darauf, dass schon in den Quartos verschiedene Stellen des

ursprünglichen Textes in Wegfall gekommen wären, dagegen Aufnahme in die für die öffentlichen Vorstellungen
bestimmte Fassung gefunden hätten. Um soviel würde die
ursprüngliche Dichtung dann noch länger, als die in den
Quartos enthaltene, gewesen sein. Wurden die Stücke vor der
Aufführung bei Hofe doch einer noch strengeren Prüfung
durch den Master of the Revels unterworfen. Der Rev.
Mr. Fleay hat es wahrscheinlich zu machen gesucht, dass
jene Stellen eben hierdurch zum Teil in den Quartos in Wegfall gekommen sind. (Furness, A new variorum edit. of
Shakespeare. Philad. 1880. V. 370).

Wahrscheinlich werden auch von den Dramen, die erst
in der Folio in der längeren Fassung erschienen sind, einige ursprünglich länger gewesen sein, als sie in den Quartos vorliegen, wenn auch nicht ganz so lang, als sie die Folio darbietet, da sie ja doch inzwischen Einschaltungen und Zusätze erlangt haben können. Doch selbst abgesehen von
der Verschiedenheit ihrer Länge, dürften alle Shakespeareschen Dramen in zwei Bühnenbüchern vorgelegen haben,
von denen das eine für die privaten, das andere für die öffentlichen Vorstellungen bestimmt war. In jedem konnten,
unabhängig von dem andern, Veränderungen vorgenommen
und diese dann auf das andere Buch mit übertragen oder
auch nicht übertragen werden, wie es sich bei dem Vergleich
der Quartos mit der Folio beobachten lässt. Weder die
Stücke der Quartos, noch die der Folio, dürften aber der
ursprünglichen Fassung des Dichters immer völlig ent-
sprochen haben. Lag ihnen doch diese nicht unmittelbar
sondern nur in für Bühnenzwecke eingerichteten Abschriften, ja in Abschriften von Abschriften zugrunde. Welche
Weglassungen, Verschiebungen, Wortverkennungen usw.
sind bei der teilweisen Unleserlichkeit der Handschriften
und der Nachlässigkeit und Unachtsamkeit der dabei verwendeten Schreiber und Setzer nicht allein hierdurch schon
unbeabsichtigt entstanden, wozu noch die beabsichtigten
Änderungen kamen, die die Leiter der Darstellung und des

Drucks darin vornahmen. Und wenn für die Drucke der
Einzelausgaben auch hauptsächlich die für die öffentlichen
Darstellungen bestimmten kürzeren Bühnenfassungen und
für die Stücke der ersten Folio die für die privaten Vorstellungen bestimmten längeren zur Anwendung kamen,
so scheint man in einzelnen Fällen hier und dort doch auch
beide benutzt zu haben. So ist z. B. Othello in der Quarto
v. 1622 nach Knight nur um 153 Verszeilen kürzer, als der
Othello der ersten Folio, die zu deren längsten Fassungen
zählt, so dass er in ersterer die für die öffentlichen Vorstellungen bedingte Länge noch entschieden überschritten
haben muss. Daher ihr nicht nur die für diese bedingte
kürzere Fassung zugrunde gelegen haben kann, sondern
auch noch besonders wirksame Stellen der längeren Fassung
mit in sie Eingang gefunden haben müssen.

Mit wie grossem Erfolge man auch mit der Zeit die
zahlreichen Fehler und Weglassungen im Texte und in den
Bühnenweisungen zu berichtigen und zu ergänzen gesucht
hat, so ist man, was die letzteren betrifft, dabei doch nicht
ganz so gründlich zu Werke gegangen, als es nötig gewesen
wäre, um in bezug auf sie allen Missverständnissen vorzubeugen. Man hat zu untersuchen vergessen, für wen eigent-
lich diese Bühnenweisungen bestimmt waren, sowie ob sie
und die daran zu beobachtenden Fehler und Weglassungen
immer nur Shakespeare und nicht auch zum Teil und i n
w e l c h e m U m f a n g e, einem der Leiter der Darstellung oder des Drucks oder den an den Abschriften und
dem Drucke beteiligt gewesenen Schreibern und Setzern
beizumessen seien — und ob endlich die hier zu beobachtenden und nachzuweisenden Weglassungen sich durchweg
als nur zufällige und unbeabsichtigte oder zum Teil auch als
grundsätzlich beabsichtigte darstellen. Diese Unterlassung hat
zu verschiedenen irrigen Folgerungen geführt (auf die ich
erst später näher eingehen werde), mit denen die Shakespeareforschung noch heute behaftet erscheint, was mich veranlasst
hat, diesen zurzeit noch offenen Fragen etwas näher zu treten.

Shakespeare hat, wie man allgemein annimmt, seine
Stücke nicht unmittelbar für den Druck und für Leser,
sondern nur für die Darstellung und für Zuschauer geschrieben. Die darin vorkommenden Bühnenweisungen konnten
daher ursprünglich auch nicht für jene, sondern nur für die
an der Vorstellung beteiligten Darsteller und für die Leiter
der Aufführung, besonders die technischen, und durch sie für
die Zuschauer bestimmt gewesen sein, was nicht ausschliesst,
dass sie zugleich für die Leser von Interesse sein konnten.
Die für die Schauspieler bestimmten Bühnenweisungen um-
fassen alles, was sich auf das stumme Spiel der Schauspieler
im weitesten Sinne, die dabei zur Anwendung kommenden
Requisiten mit einbegriffen, bezieht, die Bühnenweisungen
für die technischen Leiter der Darstellung aber auf alles,
was zu den nötigen Veränderungen der Szene, insbesondere
zu dem Akt-, Szenen- und Ortswechsel gehört.
   Ich habe einen Auszug von allen in den Shakespeareschen Dramen der ersten Folio zu beobachtenden Fehlern
und Weglassungen dieser Art, die weit in die Hunderte
gehen, gemacht und daraus zu erkennen vermocht, dass,
was die Weglassungen betrifft, sie sich nur zum Teil als
unbeabsichtigte, zum grossen Teil aber als grundsätzlich
beabsichtigte darstellen. Dies lässt sich daraus erkennen,
dass ganze Kategorien der nach dem Texte der Stücke für
die technischen Leiter der Darstellung nötigen Bühnenweisungen darin fehlen oder von ihnen doch nur solche darin
enthalten sind, die zugleich für einen oder mehrere der an
der Darstellung beteiligten Schauspieler und zwar in erster
Reihe bestimmt waren, so dass man sagen kann, dass diese
Dramen ursprünglich nur für letztere bestimmte Bühnenweisungen darboten. Da aber Drucke wesentlich für Leser
bestimmt sind und für diese jener Mangel sich störend fühlbar gemacht haben mag, so haben einzelne Herausgeber
und Leiter des Drucks ihm hier und da Abhilfe zu schaffen
gesucht. Während z. B. allen bis 1623 erschienenen Einzelausgaben Shakespearescher Stücke Bühnenweisungen für die

Akt- und Szeneneinteilung völlig fehlen (nur die Einzel-
ausgabe des Othello von 1622 zeigt unvollkommene
Akteinteilung) und ähnliches bei den Einzelausgaben von
Stücken anderer, doch derselben Richtung angehörender
gleichzeitiger Dichter zu beobachten ist, enthält die erste
Folio eine grosse Anzahl von Stücken mit durchgeführter
Akt- und Szeneneinteilung. Und doch gab es damals schon
Einzeldrucke englischer Stücke, die mit Akt- und Szeneneinteilung versehen waren. Wenigstens weist Collier wiederholt darauf hin. Nach ihm erschienen schon die ältesten
Ausgaben von „Ralph Roister Doister“, von „Grammer
Gurtons Needle“, von „Mysogonus“ u. a. damit, und Dods-
leys Sammlung alter Spiele enthält ebenfalls ein paar Beispiele dafür. Nur gehören sie, wie mir scheint, meist einer
anderen Richtung, als die Shakespeareschen Dramen, an,
die, wie das altenglische nationale Drama überhaupt, der
Stofffreude des englischen Volks möglichst Rechnung trugen,
daher das, was bei ihnen den Akt- und Szenenwechsel bestimmt, auch etwas anderes wie dort ist. Doch mag bei
jenen Stücken, wie in der ersten Folio der Shakespeareschen Stücke, auch erst von den Verlegern und Leitern des
Drucks zugunsten der Leser die Akt- und Szeneneinteilung
hier und da eingeführt worden sein.“ O b s c h o n m a n
s i c h a b e r i n d e n f r ü h e s t e n D r u c k e n d e s
a l t e n g l i s c h e n n a t i o n a l e n D r a m a s f a s t
d u r c h g e h e n d e n t h i e l t , d e n A k t - u n d
S z e n e n w e c h s e l a n z u g e b e n , s o l a g e r d i e -
s e n D r a m e n d o c h i m m e r z u g r u n d e . Wenn
dies aus dem Texte der Stücke nicht zu ersehen gewesen
wäre, so würden die Herausgeber der ersten Folio und ihre
Mitarbeiter und Nachfolger zu einer richtigen Akt- und
Szeneneinteilung (im Sinne Shakespeares) nicht haben gelangen, so würde man von einer solchen gar nicht sprechen
können; was auch für alle übrigen an den Bühnenweisungen
zu beobachtenden Unrichtigkeiten und Weglassungen gilt.
Was aber die grundsätzlich beabsichtigten Weglassungen

trifft, so mochten die Dichter glauben, deren Herstellung der Bühnenleitung anheimstellen zu sollen, in der Überzeugung, von dieser, schon nach dem Texte, richtig verstanden zu werden. Es ist, als ob man es zu vermeiden gesucht hätte, ihr darin vorzugreifen. Umgangen werden konnte die Akt- und Szeneneinteilung bei der Darstellung von Stücken, die so viele Ortsveränderungen zeigen, aber nicht. Die Bühnenleitung musste zu erkennen imstande sein, wann sie die zwischen den Akten liegenden Pausen und die sie auszufüllende Musik eintreten zu lassen und die den Wechsel der Szene anzeigenden Andeutungen, deren die damalige Bühne sich trotz ihrer angeblichen Dekorationslosigkeit nicht glaubte entschlagen zu dürfen, anzubringen hatte. Der Zuschauer wollte doch wissen, ob man sich noch an demselben Orte wie vorher oder wo anders und wo? befände, wenn auch der Schauplatz in Wahrheit immer sichtbar derselbe blieb, wie er ja noch heute in unseren Theatern, trotz all unserer so hoch entwickelten Dekorationskunst immer sichtbar derselbe bleibt. Man musste die Bildsäule des Pompejus herbeischaffen, zu dessen Füssen der grosse Julius Cäsar ermordet wird; die Rostra, von der herab Antonius mit seinen zündenden Reden das Volk zur Empörung gegen die Mörder antreibt; die Laube, in der Benedikt die ihn umstrickenden Gespräche der Freunde belauscht; die Tafel, um die sich die Feinde Cromwells, über ihn Gericht zu halten, versammeln; die aufgebahrte scheintote Julia neben dem Sarge des von Romeo getöteten Tybalt — und dies alles in dem vom Dichter dafür festgesetzten Momente.

Es gehört zu den Vorzügen der ersten Folio, von 18 der in ihr enthaltenen 36 Dramen des Dichters die durchgeführte Akt- und Szeneneinteilung darzubieten.*) Bei einem davon:

---

*) Es sind: „Die beiden Edelleute von Verona", „Die lustigen Weiber von Windsor", „Mass für Mass", „Wie es euch gefällt", „Der Sturm", „Das Wintermärchen", „Was ihr wollt", „König Johann", „Richard II.", „Heinrich IV., erster und zweiter Teil", „Heinrich VI., erster Teil", „Richard III.", „Heinrich VIII.", „Macbeth", „Lear", „Othello" und „Cymbeline".

„Was ihr wollt" erscheint die Akteinteilung auch noch am Schlusse der Akte vollzogen, insofern die letzte Bühnenweisung des Aktes die Worte: Finis actus primus — Finis actus secundus etc. enthält. Nur der Schluss des dritten Aktes hat diese Angabe nicht, der ich nur noch bei einem einzigen Stücke der Folio, bei „Love's labour lost" nach dem ersten Akte begegnet bin. Auch für die Szeneneinteilung haben die mit der Redaktion der einzelnen Stücke der ersten Folio betrauten Personen nach einer besonderen Auskunft für die Bühnenweisungen gesucht und sie darin zu finden geglaubt, dass sie zu Anfang jeder Szene alle in ihr auftretenden Personen aufführten, wenn ihr wirkliches Auftreten darin auch zu verschiedenen Zeiten stattfand. Durchgeführt erscheint es nur in „Der Widerspenstigen Zähmung". Zu mangelhafter Anwendung ist es noch im „Wintermärchen" gekommen. Diese Auskunft bot zwar den Vorteil, die Szenen in bestimmter Weise auseinanderzuhalten, war aber mit dem Nachteil verbunden, dass man darüber die Weisungen für das wirkliche Auftreten und den wirklichen Abgang der Personen vernachlässigte. So gibt es in „Der Widerspenstigen Zähmung" fast keine darauf bezüglichen Bühnenweisungen. Man ist genötigt, sie sich mühsam erst selbst nach dem Texte der Dichtung herzustellen.

Die Akt- und Szeneneinteilung der ersten Folio ist zwar keineswegs überall richtig. Sie ist sogar mit einzelnen grossen Fehlern behaftet. Gleichwohl lässt sich aus ihr und dem Texte erkennen, dass der Szenenwechsel im Shakespeareschen Drama nur durch den Ortswechsel und nicht, wie im eigentlichen Renaissance-Drama, das ihn grundsätzlich möglichst zu vermeiden suchte, durch das Auftreten und den Abgang der handelnden Personen bestimmt wurde. Nur „Die Komödie der Irrungen" mag vielleicht hiervon eine Ausnahme machen. Sie hat in der ersten Folio überhaupt keine Szeneneinteilung und ist, wennschon vom altenglischen nationalen Drama beeinflusst, doch eine direkte Nachbildung des Renaissance- oder sogar des altrömischen Lustspiels. Sonst bedingt bei Shakespeare, wie im altenglischen nationalen Drama überhaupt, nicht einmal der Abschluss einer Teilhandlung, wenn der Ort derselbe bleibt, einen Wechsel der Szene, was z. B. die 2. Szene des 1. Aktes von „Julius Cäsar“, die 1. Szene des 1. Aktes und die 5. Szene des 3. Aktes von „Cymbeline“, die 2. Szene des 3. Aktes von „Wie es euch gefällt“ und die 4. Szene des 3. Aktes von „Was ihr wollt“ etc. beweist. Da aber der Ortswechsel den Abgang aller bisher an der Handlung beteiligten Personen zur notwendigen Voraussetzung hat, so hat man öfter schon ihn für ein sicheres Merkmal für den Szenenwechsel gehalten. Allein dieser Abgang schliesst noch keineswegs aus, dass unmittelbar darauf andere ganz neue Personen am selben Orte auftreten können und die Szene dann fortdauert. Es ist daher nötig, den Text zu Rate zu ziehen, um Aufschluss darüber zu erhalten. Da die Bühnenweisungen der ältesten Drucke auch für den Aktwechsel kein anderes Kennzeichen, als den Abgang aller Personen darbieten, so ist es bei diesem noch dringender, als bei dem Szenenwechsel geboten. Die ungenügende Beachtung des Textes ist wohl der Grund der meisten Fehler und Irrungen, die die erste Folio in bezug auf den Szenen- und Aktwechsel enthält.*) Bisweilen ist aber auch das Ueber-

---

*) Ich will dafür einige Belege beibringen. In Cymbeline ist in der ersten Folio die erste Szene in zwei Szenen geteilt, weil die beiden in ihr zunächst auftretenden Edelleute nach ihrem Gespräche abgehen. Da aber die nun auftretenden Personen, nach den letzten Worten des einen Edelmanns, an demselben Orte erscheinen, so muss die Szene fortdauern, wie es u. a. Hertzberg berichtigt hat. So ist es auch falsch, wenn im 2. Akte desselben Stücks Szene 4 und 5 in der Folio in eine zusammengezogen worden sind. Der Text lässt erkennen, dass Posthumus seine letzte Rede an einem anderen Orte hält wie die früheren, was bei Delius wie bei Hertzberg berichtigt worden ist. Im 3. Akte dieses Dramas hat die Folio in der 6. Szene nach Imogens Abgang fälschlich einen Szenenwechsel eintreten lassen. Es findet hier aber kein Ortswechsel statt. Imogen, die in die Höhle gegangen ist, kommt bald darauf aus dieser wieder zurück. Auch dies ist von Delius, wie von Hertzberg berichtigt worden. Im Wintermärchen ist in der Folio die erste Szene fälschlich in zwei Szenen geteilt, weil sie die zunächst darin auftretenden Hofherren, Camillo und Archidamus, fälschlich vor dem Eintritt der Fürsten abgehen lässt. Sie bleiben jedoch, wie aus dem

sehen richtiger Bühnenweisungen an diesen Irrungen schuld. So in Othello, wo in der Folio die zweite Szene des zweiten Akts mit der dritten zusammengezogen ist, obschon das Exit nach der Rede des Herolds nicht fehlt und eine Ortsveränderung stattfindet— sowie in „Richard III.", wo die vier letzten Szenen des dritten Akts und die zweite und dritte Szene des vierten Akts in je nur eine zusammengezogen erscheinen, obschon nicht nur der Text, sondern auch die Bühnenweisungen dazu auffordern, sie dort auf vier, hier auf zwei verschiedene Oertlichkeiten zu verlegen, was auch von späteren Herausgebern und Uebersetzern geschehen ist. Es ist daher zu verwundern, dass diese, die derartige Fehler so gut zu berichtigen wussten, wieder zum Teil mit sich selbst in Widerspruch gerieten, indem sie bisweilen zwei, drei, ja vier Szenen hintereinander an einem und demselben Orte stattfinden lassen, wohl nur im Hinblick auf die moderne Bühne, die den Ortswechsel so viel wie möglich einzuschränken sucht, doch keineswegs im Sinne des altenglischen nationalen Dramas, in dem, wie ich darlegte, kein Szenenwechsel ohne Ortsveränderung stattfand. Dem entspricht, dass man damals unter „Szene" auch den Schauplatz über-

---

Texte hervorgeht, wennschon Camillo erst spät, Archidamus gar nicht wieder zu Worte kommt und schon früh mit Polixenes abgeht. Die Szene geht also weiter. Dies ist von A. Schmidt berichtigt worden, von Delius nicht. Im „König Johann" beginnt die Folio den 2. Akt mit der ersten Szene des dritten, die sie dann zerreisst, obschon keine Bühnenweisung dazu auffordert und den 3. Akt mit dem abgerissenen Stücke beginnt. Dies ist von Theobald berichtigt worden. In Richard II. erscheint die 4. Szene des 3. Akts fälschlich zur dritten gezogen. Der Text lässt aber erkennen, dass am Ende der dritten ein Ortswechsel stattfindet, was einen Szenenwechsel bedingt. Delius hat es dementsprechend berichtigt. A. Schmidt hat zwar den Szenenwechsel, nicht aber die Ortsveränderung hergestellt, was sich nicht miteinander verträgt. Die Szene müsste dann wie in der Folio fortdauern. In „Mass für Mass" ist in der Folio die 2. Szene des 1. Akts in zwei Szenen geteilt. Es findet jedoch keine Ortsveränderung statt. Weder A. Schmidt, noch Delius haben diesen Fehler berichtigt, letzterer trotz besseren Wissens. Im 3. Akte dieses Stückes ist in der Folio die zweite Szene zur ersten gezogen. Es ist hier aber richtig, Ortsveränderung und Szenenwechsel eintreten zu lassen, was von Schmidt, wie von Delius geschehen ist.

haupt verstand, sowie, nach Einführung der charakteristisch bemalten Seitenwände und Hintergründe, diese lange mit dem Namen „Scenes" belegte*) und, wie dies aus Schriften und Verordnungen der Zeit hervorgeht, von den „Decorations" unterschied, unter denen man, wie es scheint, die übrige Ausstattung der Bühne verstand. „Our Scene is Rhodes", heisst es in Kyds „Spanischer Tragödie" und „In Troy there lyes the Scene" (Troilus und Cressida) und „Unto Southampton do we shift our Scene" (Heinrich V.) bei Shakespeare. „Die Belagerung von Rhodes" — sagt Downes — „war das erste Stück, das mit „Scenes and Decorations" ausgestattet war, wie man sie bis dahin nicht in England gehabt hatte." Und in dem Patente, das Davenant zur Errichtung seines neuen Theaters erhielt, ward ihm gestattet, „so viel Eintrittsgeld zu erheben, als es den grossen Kosten entsprach, die ihm die „Scenes" und „Decorations", wie sie vorher nicht im Gebrauch waren, verursacht hatten." — Die dargelegte Verschiedenheit der Behandlung, die aus den Stücken der Folio hervortritt, lässt deutlich erkennen, dass die Herausgeber sich zur Bewältigung ihres so verdienstvollen Unternehmens noch anderer Kräfte bedient haben, aber nicht immer glücklich in der Wahl ihrer Mitarbeiter gewesen sind. Es scheint sogar, als ob der Ausführung kein gemeinsamer Plan zugrunde gelegt worden wäre oder es doch an der nötigen Festigkeit und Willenskraft gefehlt hätte, auf dessen gleichmässiger Durchführung überall zu bestehen. So hätte man, da man es einmal für zweckmässig erkannt hatte, die Akt- und Szeneneinteilung einzuführen, auch zu erwarten gehabt, dies bei allen Stücken zur Anwendung gebracht zu sehen. Man scheint dies auch selbst gefühlt zu haben, da fast alle Stücke der I. Folio an

---

*) Das Wort Scenes in diesem Sinne kommt schon in Lord Bacons Abhandlung „Über Masken und Triumphe" (1612) vor, was sich daraus erklärt, dass gemalte Dekorationen vielleicht unter dieser Bezeichnung schon seit 1568 bei Hof- und später auch bei Festvorstellungen in anderen Häusern, besonders wenn sie zu Ehren der Königin Elisabeth und Jacobs I. stattfanden, zur Anwendung kamen.

der Spitze die Anzeige bringen: „Actus primus. Scena prima." Bei Romeo und Julia ist dazu noch ein stärkerer Anlauf genommen. Hier ist die Einteilung durch zwei Akte durchgeführt, bricht dann aber plötzlich ab. Dagegen haben ausser den ganz mit Akt- und Szeneneinteilung versehenen Stücken noch elf Akteinteilung, zwei davon: „Die Zähmung der Widerspenstigen" und „Ende gut, alles gut" aber nicht vollständig. (S. auch Nachtrag 13.)

Obschon die Örtlichkeit für den Szenenwechsel im altenglischen nationalen Drama eine so grosse Bedeutung hatte, so erklärt es sich doch aus dem, was ich hier über die grundsätzlich beabsichtigte Unterdrückung aller n u r für die Bühnenleitung bestimmten Bühnenweisungen, sagen konnte, dass die ältesten Drucke der Shakespeareschen Stücke, solche, die n u r über die Örtlichkeit der Szene Auskunft zu geben gehabt hätten, völlig entbehren. Selbst noch die Stücke, die in der Folio Akt- und Szeneneinteilung haben, bieten solche nicht dar, obschon sie gewissermassen zu dieser gehören, wie diese die Ortsveränderung ja zur Voraussetzung hat und durch sie bedingt wird. Nur ganz beiläufig und vereinzelt zeigen sich in den dem Auftreten der Schauspieler gewidmeten Bühnenweisungen darauf gerichtete Angaben.*)

---

*) So in der ersten Folio, in Heinrich VI., erstem Teil, I. 3. Enter to the Protector a t t h e T o w e r g a t e s Winchester and his men; IV. 2. Enter Talbot with troops b e f o r e B o r d e a u x. Zweiter Teil III. 1. Enter the king a s t o t h e P a r l i a m e n t. IV. 5. Enter Lord Scales upon t h e t o w e r walking. IV. 6. Enter Jack Cate and strikes his staffe o n L o n d o n s t o n e. Dritter Teil. IV. 2. Enter Warwick and Oxford i n E n g l a n d.

Richard II. IV. 1. Enter as to the P a r l i a m e n t Bullingbrooke etc.

Richard III., III. 2. Enter a messenger to the doore of H a s t i n g s. III. 3. Enter Sir Richard Ratcliff carrying the nobles to death at P o m f r e t.

Heinrich V., III. 1. Enter the king etc. Scaling ladders at H a r f l e u r.

König Johann I., 2. Enter before A n g i e r s Philipp etc.

Coriolan I., 4. Enter Martius etc, as before the city of C o r i o l u s. II. 2. Enter two officers to lay cushions, as it were, i n t h e C a p i t o l l.

Wohl aber muss es befremden, dass damals die öffentliche Bühne sich trotz dieser Tatsache der charakteristischen Bühnendekoration, die ihr doch schon bekannt war, fast völlig enthielt. Die Dichter hatten aber ebenso triftige Gründe dazu, wie die Schauspieler, davon abzusehen. Zunächst würden bei dem häufigen Szenen- und Ortswechsel in diesen Stücken und den niedrigen Einlasspreisen die Kosten der Dekorationen viel zu hohe gewesen sein. Sodann war die Verwandlungskunst jener Tage noch viel zu wenig entwickelt, und viel zu schwerfällig, um den zahlreichen Ortsveränderungen genügend entsprechen zu können. Auch würde es eben deshalb die Bewegungsfreiheit der Truppen,

---

Titus Andronicus I., 1. They (Saturninus and Bassianus) go up into the Senate House. V. 2. Titus opens his study door.

Timon von Athen. IV. 3. Timon in the woods. V. 1. Enter Timon from his cave. V. 2. Enter Alcibiades with his powers before Athens.

Julius Caesar II., 1. Enter Brutus in his orchard. III. 2. Enter Brutus and goes in his pulpit (auf dem Forum).

Doch kommen dergleichen Angaben auch noch mitten in der Szene vor. Von verschiedenen der hier angeführten Stücke gibt es keine früheren Einzelausgaben. Die aber, die es gibt, enthalten nur zum Teil die hier angeführten örtlichen Angaben. So fehlt der dem 3. Teil von Heinrich VI. entsprechenden Quarto ohne Jahreszahl printed for T. P. (Steevens. Twenty plays of Shakespeare) Akt IV, 2. die Angabe: Enter Warwick and Oxford in England. Dagegen enthält sie die Angabe: V. 6. Enter Gloster to King Henry in the Tower, wofür es in der Folio nur heisst: Enter Henry VI. and Richard with the lieutenant on the Walles. Die örtlichen Angaben der Folio in Richard III. sind nicht in der Quarto von 1612 enthalten. Ebenso fehlen der Quarto von Heinrich V. vom Jahre 1608 die örtlichen Angaben der Folio. Wogegen die Quarto des 2. Teils von Heinrich IV. aus dem Jahre 1600 IV, 1 die Angabe enthält: Enter the Archbishop, Mowbray, Bardolfe, Hastings within the forest of Gaultree, die in ihrem letzten Teil der ersten Folio beim Auftreten der genannten Personen fehlt. Diese Abweichungen sprechen dafür, dass die hier angeführten örtlichen Angaben nicht von Shakespeare, sondern von einer anderen Hand herrühren. Einzelne, wie die letzte, sind offenbar, wie die Drucke überhaupt, für den Leser bestimmt, da der Zuschauer nichts davon durch den Text erfährt. Doch was wollen überhaupt diese wenigen Angaben gegen die in die Hunderte gehenden Ortsveränderungen sagen, für die in den ältesten Drucken der 36 Stücke Shakespeares die nötigen Bühnenweisungen fehlen, so dass man über sie, wenn überhaupt, nur Aufschluss im Texte der Dichtungen findet!

die häufig im Lande herumreisten, beeinträchtigt haben und endlich hatte die Dekorationskunst damals eine Richtung eingeschlagen, die dem Geist und Charakter des altenglischen Dramas, besonders des Shakespeareschen, gar nicht entsprach, so dass man nach allem mit Recht zu befürchten hatte, dieses durch sie in seiner Entwickelung gehemmt und in eine andere Richtung gedrängt zu sehen, was später auch wirklich geschah. Wenn die öffentliche Bühne zur Zeit Shakespeares die charakteristische Bühnendekoration aber auch noch entbehrte, so war sie in den meisten Londoner Theatern doch nicht im vollen Sinne des Wortes dekorationslos. Wohl aber war ihre Dekoration überwiegend eine konventionelle und blieb in allen Stücken und Szenen, eine so verschiedene örtliche Bedeutung diese auch haben mochten, bis auf gewisse Einzelheiten immer die gleiche. Sie bestand nämlich in weiter nichts, als in Behängen von schwerem Stoff, die die Hinterwand und die Seitenwände der Bühne, mit Ausnahme der Ein- und Ausgänge, bekleideten, und in ähnlichen kurzen Behängen, die oben quer über die Bühne hinliefen und „heavens" genannt wurden, woraus man bei ihnen auf eine bläuliche Farbe geschlossen hat, was jedoch unsicher ist, da diese Farbe nicht überall hingepasst haben würde, z. B. nicht in die Gruftszene von „Romeo und Julia" und andere geschlossene Räume. Sicherer ist, dass die Behänge der Wände im Trauerspiel schwarz waren, wofür Malone verschiedene Stellen aus zeitgenössischen Schriftstellern angeführt hat. Selbst die Zugänge zur Bühne (die eine Umrahmung gehabt zu haben scheinen, da sie in den Bühnenweisungen meist mit doors bezeichnet werden) konnten gelegentlich durch Vorhänge geschlossen werden, damit man ihnen hinter diesen unbemerkt eine andere Bestimmung zu geben imstande war. Auf diese Weise wurde in „Titus Andronicus" (I. Akt, 1. Szene) einer der vorderen Zugänge in das Erbbegräbnis der Androniker und in „Romeo und Julia" (II. Akt, 1. Szene) in die Mauer von Capulets Garten verwandelt. Auch die verschliessbaren Türen im „Othello"

(IV. Akt, 2. Szene und V. Akt, 2. Szene) etc. gehören hierher. Diese konventionelle Bühne war aber nicht aller Mittel beraubt, die örtliche Bedeutung der Szene wenigstens anzudeuten und ihren besonderen Charakter symbolisch zu veranschaulichen. Jenes wurde durch das Aushängen von Tafeln erreicht, auf denen die Örtlichkeit des jeweiligen Schauplatzes mit weithin lesbarer Schrift verzeichnet stand, dieses durch einzelne Gegenstände, die bei der darin darzustellenden Handlung Verwendung fanden und dem Charakter der Örtlichkeit entsprachen. Henslowes Tagebuch enthält ein langes Verzeichnis derartiger Gegenstände aus dem Jahre 1598, die damals der Lord Admiraltruppe angehörten. Dieser Besitz wird sich bis zu Shakespeares Rücktritt von der Bühne noch sehr vergrössert haben und schon allein aus dessen Stücken geht überzeugend hervor, dass auch die Lord Kammerherrntruppe mit solchen Gegenständen reichlich versehen gewesen sein muss. Wir finden hier Wälle, Terrassen, Türme, verschliessbare Tore und Türen, Eingänge zu Höhlen und Grüften, Mauern, Lauben, Bäume, Gebüsche, Betten und Särge, Ruhe- und Tragstühle, Prunk- und Amtstafeln, Throne und Baldachine, die Bildsäule des Pompejus, die Rednerbühne des römischen Forums, Sonnen und Monde etc. erwähnt.

Das Aushängen von Tafeln mit Angabe der Örtlichkeiten ist öfter bezweifelt worden. So spärlich aber auch hierüber die Nachrichten sind, so sind sie doch ganz überzeugend. Schon 1583, d. i. drei Jahre vor der mutmasslichen Ankunft Shakespeares in London, weist Sidney in seiner Apology for actors darauf hin, um die vielen Ortsveränderungen im nationalen Drama zu verspotten. „Wo gibt es ein Kind —" heisst es da — „das, wenn es in einem Stücke Thebes mit grossen Buchstaben über einem alten Tore geschrieben sieht, dies wirklich für Theben hält?" Fast gleichzeitig spielt Kyd in seiner „Spanischen Tragödie" auf diesen Gebrauch an, indem er den alten Hieronymus vor Beginn des Schauspiels im Stücke sagen lässt: „Hang up the title, our scene is Rhodes."*) Entscheidender noch ist das Zeugnis, das ein von Frau Mentzel (Gesch. d. Theat. i. Frankfurt a. M.) entdeckter Holzschnitt dafür ablegt. Er gehört dem Jahre 1597 an und veranschaulicht eine Bühne der damals in Deutschland herumreisenden englischen Komödianten, die in eine Vorder- und eine um zwei Stufen höhere Hinterbühne geteilt ist. Vor jener befindet sich unten in der Mitte eine Tafel, deren Inschrift leider unleserlich ist, über dem Vorhang der Hinterbühne hängt eine andere, die deutlich die Worte: „A room in the house" enthält. — Wie lange und fest der Gebrauch des Aushängens solcher Tafeln sich auf der englischen Bühne erhielt, lässt sich daraus erkennen, dass man es selbst noch nach Einführung der bemalten Seitenwände und Hintergründe zur Anwendung brachte. So bot z. B. der Fries des ersten Hintergrundes in Davenants „Belagerung von Rhodus" das Wort „Rhodes" in einer besonderen Umrahmung dar. Selbst wenn die Dekorationen damals so naturwahr als möglich gemalt worden wären, würden die Zuschauer sie nicht in allen Fällen richtig auszulegen vermocht haben. Noch heute ist man öfter genötigt, auf den Theaterzetteln zur Anzeige zu bringen, wo die verschiedenen Akte eines Stückes sich zutragen. Die damalige Bühnendekoration erstrebte aber ganz andere Zwecke, als die Örtlichkeit einer Szene in einer dem Charakter und der Stimmung der Handlung entsprechenden und dabei naturwahren Weise zu ver-

---

*) Dass in den, sei es geschriebenen, sei es gedruckten, Ankündigungen der Theatervorstellungen nicht nur der Name des Stückes und ein Verzeichnis der darin auftretenden Personen, sondern zuweilen auch die Angabe des Orts, an dem die Handlung im allgemeinen stattfand, enthalten war, geht aus den Personenverzeichnissen der ersten Folio hervor. Von den sieben Verzeichnissen, die sie darbietet, enthalten zwei derartige Angaben: das zu „The Tempest" und das zu „Measure for Measure". Jenes: „The scene an uninhabited Island", dieses: „The scene Vienna".

anschaulichen. Sie suchte vielmehr ein davon ablenkendes Interesse zu erregen, wie sich aus den Ankündigungen Davenants ergibt, in denen die „Art of perspectives in Scenes" als Anziehungsmittel besonders hervorgehoben wird. So ungenügend, fast kindisch uns heute das Aushängen jener Tafeln erscheint, so hatte es doch den Vorzug, den Zuschauer nicht durch falsche Vorstellungen zu täuschen, was durch die charakteristische Bühnendekoration nur zu oft bis in die neueste Zeit geschah.

Weder in den Quartos, noch in der ersten Folio findet sich eine das Aushängen von derartigen Tafeln betreffende Bühnenweisung. Dies ist aber nach dem, was wir schon bisher in bezug auf die der Regie beim Akt- und Szenenwechsel zufallenden Obliegenheiten zu beobachten hatten und noch fernerhin zu beobachten haben werden, nicht weiter befremdend. Bühnenweisungen, die n u r für die technischen Leiter des Spiels bestimmt gewesen wären, kommen in den Quartos bis 1622 nicht vor. Wohl aber fanden sie Aufnahme darin (oder hätten sie finden sollen), wenn sie zugleich an einen oder den anderen der an der Aufführung beteiligten Schauspieler gerichtet waren. Weglassungen kommen aber auch hier, wie bei anderen für diese bestimmten Bühnenweisungen vor, nur sind sie dann nie beabsichtigt, wie es die Weglassungen der Akt- und Szeneneinteilung, der selbständigen Ortsangaben, des Aushängens der Tafeln etc. jederzeit sind. Obschon die Quartos bis 1623 weniger Bühnenweisungen enthalten, als dieselben Stücke der ersten Folio, so sind sie doch, selbst in den verstümmelten ersten Ausgaben von Romeo und Julia und Hamlet zuweilen genauer und richtiger, als in der ersten Folio, wo sie wohl auch ganz fehlen — wofür ich später Belege noch beibringe. Wenn aber die Bühnenweisungen der ältesten Drucke auch nur für die an der Aufführung beteiligten Schauspieler bestimmt waren, so schliesst das nicht aus, dass einzelne davon zugleich von Wichtigkeit für den Leiter des Spiels und die meisten von Interesse für den Leser sein konnten. Da die Drucke zu-

nächst für diesen bestimmt waren, so stand überhaupt zu
erwarten, dass einzelne der darin enthaltenen Bühnenweisungen ganz nur für ihn oder doch mit für ihn bestimmt sein
würden, was dann aber sicher nur erst durch den Druck veranlasst worden sein konnte, weil beides bis dahin ganz zweck-
los gewesen wäre. Bühnenweisungen der ersten Art habe
ich indes nur höchst selten in den ältesten Drucken Shakespearescher Stücke zu entdecken vermocht, wohl aber solche,
die nur für den Leser bestimmte Bemerkungen zu enthalten
scheinen. Auch sie sind jedoch meist mit für die an der
Szene beteiligten Darsteller bestimmt gewesen. Eine Bühnenweisung, wie die im alten „John, King of England" von 1611:
„Enter Philipp leading a friar charging him shew; where the
Abbotsgold lay" ist in ihrem zweiten Teile sogar für den Leser
überflüssig, weil der Text das darin Gesagte in den ersten
darauf folgenden Worten enthält, im übrigen aber doch für
den Darsteller brauchbar, da diese dem Zuschauer den Vorgang durch die Art ihres Auftretens sichtbar zu machen hatten,
noch ehe er ihn bestimmter aus ihren Reden erfuhr. Bühnenweisungen, wie die der 3. Szene des III. Aktes von Richard III.
sind in der Fassung der Folio: „Enter Sir Richard Ratcliffe,
with Halberds, carying the nobles to death at Pomfret" aus
gleichem Grunde (mit Ausnahme des Namens der Örtlichkeit)
nur für die Schauspieler bestimmt gewesen; wogegen die
Variante einer oder der andern der Quartos: „to be beheaded"
es zwar auch mit für sie, doch in betreff dieses Zusatzes
(gleichwie dort die Örtlichkeit) nur für den Leser bestimmt
gewesen sein konnte. Bühnenweisungen, wie die im alten
King John: „Excursions, Elianor is rescued by John, and
Arthur is taken prisoner", waren aber n u r für die Schauspieler da. So die Weisung der ersten Folio im 2. Teil von
Heinrich VI.: „Alarum to the fight, wherein both the Staf-
fords are slaine." Dergleichen stumme Kriegsszenen wurden
damals mit Vorliebe gesehen und dargestellt, besonders in
den öffentlichen Theatern. Ich verweise dafür bei Shakespeare auf die 2. und 3. Szene des 5. Aktes von Heinrich IV.

II. Teil, auf die 6. Szene des 4. Aktes von Heinrich VI. 1. Teil, auf die 7. Szene des 4. Aktes von Heinrich VI., 1. Teil etc. Hierauf bezieht sich auch eine Stelle des Prologes zu Shirleys: „The doubtful heir", der an die Zuschauer des Globetheater gerichtet ist, wo das Stück 1640 zum erstenmal aufgeführt wurde, obgleich es für das Blackfriartheater geschrieben worden war. Sie lautet:

„No shews, no dance and — what you most delight in,
Grave understanders — here no target-fighting
Upon the stage."*)

Welches Gewicht man auf die glänzende Ausführung solcher und ähnlicher Szenen legte, beweist bei Shakespeare der Kampf zwischen Laertes und Hamlet, der zwischen Edgar und Edmund in Lear, der zwischen Macduff und Macbeth, der zwischen dem Prinzen Heinrich und Percy in Heinrich IV. 1, etc. — Da der Text der Shakespeareschen Dramen, selbst in der Folio noch, eine Menge Wortverderbnisse, Wortverschiebungen und Weglassungen aufweist, die man nicht dem Dichter, sondern, wie schon bemerkt, der stellenweisen Unleserlichkeit der Handschriften und der Nachlässigkeit oder Unfähigkeit der Abschreiber und Setzer etc. beizumessen hat, so lässt sich ähnliches, und aus gleichem Grunde, auch bei den Bühnenweisungen dieser Stücke erwarten; wennschon, ein so grosser Dichter Shakespeare auch war, einzelne Irrungen von seiner Seite nicht ausgeschlossen sind. So kann er hier und da einen Abgang übersehen oder auch Veranlassung zu gewissen Fehlern gegeben haben, wie z. B. zu der häufigen Verwechslung von exit und exeunt, die dadurch herbeigeführt worden sein kann, dass er beide Wörter mit „ex." abkürzte. Nur wird man ihm nichts gradezu Widersinniges ansinnen dürfen. Nach allem hier Dargelegten glaube ich also die

---

*) Man hat zwar bezweifelt, dass dieser Prolog wirklich im Globetheater gesprochen worden sei, weil er zu beleidigend für dessen Besucher gewesen sein würde. Für das hier darüber Gesagte ist das jedoch gleichgültig. Es bleibt bestehen, gleichviel, ob der Prolog dort gesprochen oder nur durch den Druck veröffentlicht worden ist.

Fehler und Mängel, die an den Bühnenweisungen der ältesten Drucke zu beobachten sind, in e i g e n t l i c h e U n r i c h - t i g k e i t e n und in W e g l a s s u n g e n und letztere wieder in v o m D i c h t e r g r u n d s ä t z l i c h b e a b - s i c h t i g t e und in solche einteilen zu dürfen, d i e v o m D i c h t e r g r u n d s ä t z l i c h n i c h t b e a b s i c h - t i g t w o r d e n s e i n k ö n n e n. Während jene dem Dichter ausnahmslos zur Last fallen, dürfen diese mit grösster Wahrscheinlichkeit hauptsächlich den Abschreibern und Setzern beigemessen werden.

Es geht sowohl aus den wenigen uns überlieferten örtlichen Ankündigungen der auszuhängenden Tafeln, als aus den in den Bühnenweisungen und dem Texte der Shakespeareschen Stücke, wie sie uns in den hier besprochenen Quartos und der Folio von 1623 vorliegen, enthaltenen örtlichen Angaben hervor, dass, wie ich es schon berührte, man damals darin um vieles unbestimmter und ungenauer war und sein durfte, als wir es heute verlangen. Diese Unbestimmtheit hat spätere Herausgeber und Übersetzer berechtigt, einzelnen Szenen ebenso unbestimmte Ortsbezeichnungen, wie „Vor dem Schlosse", „Ein Zimmer im Schlosse" zu geben und sie verleitet, mehrere Szenen hintereinander an derselben Örtlichkeit spielen zu lassen. Dem damaligen dramatischen Dichter aber gab sie die Freiheit, manches in einer Szene geschehen zu lassen, was bei einer bestimmteren Bezeichnung des Orts vielleicht als unwahrscheinlich oder unangemessen befunden worden wäre. Shakespeare hat von dieser Freiheit, die durch die konventionelle Ausstattung der damaligen englischen Bühne begünstigt wurde, zwar nur selten, aber doch zuweilen Gebrauch gemacht. Es geschah hier überhaupt seltener, als in der den Ortswechsel im Akte ausschliessenden französischen Vorzimmertragödie, die trotz der charakteristischen Dekoration die Bühne zu einem blossen Sprechplatze machte. Damals erregten jene Unzuträglichkeiten, wie es scheint, keinen Anstoss. Man nahm sie als eine Art Bühnenkonvention ruhig hin, genug, wenn es dem Dichter gelang, darüber hinwegzutäuschen und eine grössere Spannung damit zu erzielen. Später hat man es anders beurteilt und darin eine gewisse Gleichgültigkeit des Dichters gegen die Verhältnisse und Gesetze des Raumes zu erkennen vermeint, die, wie man aus einzelnen Szenen seiner Stücke, wie sie uns in den ältesten Drucken vorliegen, geschlossen hat, soweit gegangen sein soll, u m z w e i e i n a n d e r r ä u m l i c h a u s s c h l i e s s e n d e V o r g ä n g e g l e i c h z e i t i g , a u f n u r e i n e n S c h a u p l a t z v e r l e g e n u n d d a r s t e l l e n z u k ö n n en. Es ist dies eine Art Glaubensartikel vieler angesehenen Shakespeareforscher geworden. Ja, Halliwell-Philipps, dem wir so viele wichtige Aufschlüsse über die Lebensverhältnisse des grossen Dichters und über die Theaterverhältnisse seiner Zeit verdanken, glaubt ihm diese angebliche Gleichgültigkeit sogar zum Verdienst anrechnen und diejenigen spöttisch abfertigen zu sollen, die daran Anstoss nehmen und sie bestreiten. „Shakespeare" heisst es bei ihm (Outlines pp. I,156) „war als Schriftsteller weder ein topographischer, noch ein chronometrischer Geist. Daher er sich kaum bemühte, Widersprüche zu vermeiden, die aus der fehlerhaften Art entsprangen, mit der er über Raum- und Zeitverhältnisse verfügte, vorausgesetzt, dass diese Fehler sich nicht in solchem Grade in seiner Darstellung fühlbar machten, um bei seinen Zuhörern den Glauben an das von ihm Dargestellte zu zerstören. Man kann versichert sein, dass dieser Dichter bei seinem dramatischen Schaffen nie einen durchdachten Entwurf der Szene und ihrer Entwickelung vor Augen hatte, noch die Zahl der Stunden berechnete, die seine Personen brauchten, um von einem Ort zum andern gelangen zu können. Derartige Vorkehrungen mögen jener phantastischen Vorstellung von einem wissenschaftlichen und arithmetischen Shakespeare zu unbegrenztem Gebrauche vorbehalten bleiben." Ich halte diese Auffassung aber doch nicht für zutreffend. Alles, was ich hier darlegen konnte, spricht dagegen. Eine so kunstvolle Verschmelzung zweier ganz unabhängig voneinander entstandenen Sagen, wie die

vom König Lear und die vom paphlagonischen König in
Shakespeares Lear zu einer gemeinsamen einheitlichen Handlung, wobei sie sich wechselseitig in ihrer Entwickelung von
Schritt zu Schritt bedingen und fördern, lässt sich nur aus
einem im höchsten Sinne planmässigen Verfahren des Dichters
erklären. Gleichwie in so vielen anderen Stücken, besonders
in Hamlet, Romeo und Julia, Heinrich IV., 1. Teil, Was ihr
wollt, Kaufmann von Venedig etc. die allseitige Beziehung
von Charakteren und Begebenheiten und so vieler einzelner
Reden und Aussprüche auf einen gemeinsamen Grundge-
danken, eine gemeinsame Grundanschauung, aus denen das
Ganze hervorgegangen zu sein scheint und die es bis ins ein-
zelnste durchleuchtet. Auch lässt sich aus Lear und Othello
der Beweis erbringen, dass Shakespeare, wo es ihm nötig
schien, die Zeit wirklich berechnete, die man mindestens
brauchte, um dort ein Heer in Frankreich einzuschiffen und
herüber nach England zu bringen, und hier, um von Venedig
nach Cypern zu kommen, wobei es nicht darauf ankommt,
ob die Berechnung richtig war, sondern nur darauf, dass sie
der Dichter für richtig hielt. Shakespeare glaubte sich allerdings nicht an die räumlichen und zeitlichen Verhältnisse
seiner Quelle gebunden, selbst wenn diese die Geschichte
seines eigenen Landes war. Er hat die zeitlichen Verhältnisse
meist, bisweilen auch die räumlichen, enger zusammengezogen, weil er erkannte, dass dies der dramatischen Wirkung
zuträglich ist. Er mag hierin, wie in Heinrich VI., Richard III.
und selbst in Lear und Othello bisweilen zu weit gegangen
sein, nie aber so weit, um bewusst gegen die Gesetze der Zeit
(oder des Raumes) zu fehlen. Es war ihm bei seinen Darstellungen zwar nie um die Veranschaulichung dieser Gesetze
zu tun, wohl aber um die ursächliche Entwickelung der darzustellenden Handlung. Ein so grosser Geist wie der seine,
konnte nicht unklar darüber sein, dass allem ursächlichen
Geschehen die Gesetze des Raumes und der Zeit zugrunde
liegen und jeder Verstoss gegen sie, den Glauben an die Wahrheit des Dargestellten und die beabsichtigte Wirkung auf

den Zuschauer, wenn auch nicht immer zerstören muss, so
doch gefährden und erschüttern kann. Er ordnete wohl
das Nebensächliche dem Wesentlichen unter, doch rechnete
er sicher die Gesetze des Raumes und der Zeit nicht dem
ersteren zu. Wenn er in seinen Dichtungen gegen sie je
gefehlt hat, was ich nicht völlig in Abrede stellen will, so
geschah es nicht aus Gleichgültigkeit gegen sie, sondern aus
vorübergehendem Mangel an Überlegung oder weil er, wie in
der Traumszene von Richard III., ein Gesetz, das ihm noch
höher galt, hierdurch zu ergreifenderer Anschauung bringen
wollte. Wohl aber kommt es bei ihm vor, dass die Motive
von Vorgängen, die er in den Hintergrund seiner Darstellung
gerückt hat, wie die des Kriegszugs des Königs von Frankreich nach Britannien und seiner plötzlichen Rückkehr nach
Frankreich im Lear, bei ihm ganz absichtlich in einem unge-
wissen Dunkel gelassen werden, oder wie die Haltung von
Regans Heer in der letzten Szene des Stücks darin unauf-
geklärt bleiben.

Ehe ich bestimmter zu erweisen, und darzutun suche,
wie gewisse Stellen der alten Drucke, auf die man sich vorzugsweise für jene Behauptung beruft, eine ganz andere Er-
klärung fordern, ist es nötig, einen Blick auf die Einrichtungen
der altenglischen Bühne zur Zeit Shakespeares zu werfen, da
jene dabei mit in Frage kommen und man diese dafür mit
verantwortlich gemacht hat, beide aber zurzeit noch in un-
sicherem, schwankenden Dunkel liegen und einer Aufhellung
dringend bedürfen. Denn es ist klar: wenn Shakespeare seine Stücke nur für die Bühne
schrieb, ist es auch unerlässlich, diese
und ihre Einrichtungen und Gepflogenheiten richtig zu kennen, um den Einfluss
beurteilen zu können, den sie auf seine
Kompositionsweise ausgeübt haben; was
bisher kaum versucht worden ist.

Die ersten öffentlichen dramatischen Vorstellungen von Erwerbs- und Berufsschauspielern

in London fanden, so viel man weiss, in den Höfen gewisser
grosser Gasthäuser der City statt. Nur die im Dienst
und im Schutz hoher und mächtiger Herren stehenden Schauspieler hatten auf Beschluss des königlichen Geheimen Rates
die Ermächtigung hierzu erhalten. Sie spielten hier ursprünglich auf Bühnen, die aus nichts als einem auf Stützen ruhenden
Podium bestanden, das sich dabei etwa um 1 Yard über den
Erdboden erhob und von einem am hinteren Ende des Hofes
liegenden Gebäude aus, unbedacht in diesen, den Yard, her-
aussprang. Dieses Gebäude, das (At)tiring-house, in dem
sich die Kleiderkammern und Ankleidezimmer der Schauspieler befanden, enthielt die einzigen Zu- und Ausgänge der
Bühne, die von den Zuschauern des Yard auf blossem Erdboden von drei Seiten umstanden wurde, wobei sie, gleichwie
die Schauspieler auf der Bühne, den Einwirkungen der Witte-
rung preisgegeben waren. Schutz dagegen fanden nur diejenigen Zuschauer, die Unterkunft in den nach dem Hof
heraus gelegenen Zimmern (rooms) der ihn sonst noch um-
gebenden Gebäude gesucht hatten, von deren Fenstern aus
sie dem stattfindenden Schauspiele beiwohnten. Diese Einrichtung war aber mit grossen Unzuträglichkeiten verbunden,
da sowohl der Hof, als auch die Zimmer, noch zu anderen
Zwecken benutzt wurden und die Fenster der Zimmer immer
nur wenigen Menschen zugleich einen freien Ausblick auf
die Bühne gestatteten, auch zum Teil zu weit von dieser
entfernt waren, um von hier aus das auf ihr Dargestellte
deutlich sehen und hören zu können. Diesen Übelständen
Abhilfe zu schaffen, verfiel man auf eine Auskunft, die gewissermassen den Übergang zur Errichtung selbständiger
Theatergebäude bildete. Man umgab die Bühne mit Gerüsten,
die in drei Stockwerken Logen und Galerien enthielten und
gedeckt und nach aussen geschlossen, nach innen, der Bühne
zu, aber offen waren. Sie umfassten einen nur mässigen Teil
des Hofes als unteren Zuschauerraum, der, wie die Logen
den Namen der Rooms, noch immer den Namen des Yard
beibehielt, und noch immer, wie zunächst auch die Bühne,

unbedeckt blieb und von den Zuschauern des Yard von drei
Seiten umstanden wurde. Später scheint auch die Bühne
gewissen Veränderungen unterzogen worden zu sein. Die
einzige Auskunft, die bis jetzt darauf hinweist, ist in dem
1561 im Druck erschienenen Interlude of Queen Hester enthalten: „Hier tritt der König" — heisst es nämlich in einer
Bühnenweisung des Stücks — „durch den Zwischenvorhang
(traverse) ein und Aman geht ab." So wie in einer anderen:
„Hier tritt der König durch den traverse ein und Hardy-
Dardy tritt auf" (Collier, a. a. O. III, 372). So früh findet
sich also schon der Z w i s c h e n v o r h a n g zur Anwendung gebracht und lässt auf noch andere Veränderungen
schliessen, da er doch an etwas befestigt gewesen sein muss.
Gleichwohl ist es zweifelhaft, ob es schon damals zur s e i t -
l i c h e n A b s c h l i e s s u n g d e r B ü h n e vom Z u -
s c h a u e r r a u m kam und der Yard auf den Raum v o r
der Bühne eingeschränkt wurde. Die Zeichnung des hollän-
dischen Gelehrten De Witt von dem zwischen 1595—1598
entstandenen Schwantheater, die Dr. K. Th. Gaedertz in der
Universitätsbibliothek zu Utrecht entdeckt und durch Nach-
bildungen veröffentlicht hat, beweist, dass noch damals
Theater entstanden, deren Bühnen frei in den Yard hinaus-
sprangen und von den Zuschauern auf drei Seiten umstanden
wurden, aber gleichwohl mit einem Zwischenvorhang versehen sein konnten. Denn hiernach wurde die Bühne dieses
Theaters durch ein vom 'Tiringhause vorspringendes und auf
zwei Säulen ruhendes Dach in einen Vorder- und einen Hinterschauplatz geteilt, von denen ersterer der ungleich grössere
war. Zwischen den Säulen aber konnte je nach Bedürfnis
ein an diesen befestigter, in der Mitte geteilter Traverse von
beiden Seiten auseinander und wieder zugezogen werden.
Wahrscheinlich kam der Bau von vom Zuschauerraum seitlich abgeschlossenen und völlig bedeckten Theatern und
Bühnen erst mit dem Bau selbständiger Theater auf, zu dem
die um 1572 vom Londoner puritanischen Magistrate endlich
durchgesetzte Ausweisung aller öffentlichen Schauspiele aus

der City Veranlassung gab. Sie entstanden bald darauf in mehreren Vorstädten und vorzugsweise in den sogenannten Freiheiten Londons. Wann sich darunter Theater mit seitlich vom Zuschauerraum abgeschlossenen Bühnen entwickelt haben, kann nicht mit Bestimmtheit gesagt werden, wohl aber, dass es bei Shakespeares Ankunft in London zweierlei Theater gab, was durch die Verschiedenheit der in ihnen dargebotenen Vorstellungen bedingt war. Denn in den einen fanden nur Vorstellungen auf der Bühne und zwar vorzugsweise solche von Komödien, Tragödien, Historien etc., daneben aber auch von sogenannten Activities (Fechter- und Ringkämpfen, akrobatischen Künsten etc.) statt, in den anderen wechselten diese Vorstellungen aber mit solchen, die im Yard selbst dargeboten wurden, wie Reiterkünste und Tierhetzen, und bei denen selbst der bisher von der Bühne eingenommene Raum mit in Anspruch genommen ward. In jenen konnte daher die Bühne eine festere Bauart und eine den Zwecken dramatischer Vorstellungen entsprechende komplziertere Einrichtung erlangen. Wogegen sie in diesen eine möglichst leichte Bauart und einfache Einrichtung erheischte, um schnell und ohne zu grosse Kosten abgebrochen und wiederhergestellt werden zu können. Beide erhielten sich ziemlich lange nebeneinander im Gebrauch. Ausser dem Schwantheater entstanden später noch zwei solcher Theater: das an die Stelle des alten Bärengartens tretende Hope-Theater und das Red Bull-Theater, das wohl ebenfalls, und dann etwas früher aus einem Zirkus für Stierhetzen hervorgegangen sein mag. Zum Bau des Hope-Theaters gab 1613 der Brand des Globe-Theaters Veranlassung. Henslowe, der damals alleiniger Besitzer des in der Nähe gelegenen Bärengartens war, liess an dessen Stelle ein Theater errichten, das abwechselnd zu dramatischen Vorstellungen und zu Tierhetzen dienen sollte. Er verband sich hierzu mit dem Schiffer Meade und der Vertrag, den beide darüber mit dem Zimmermann Gilbert Katherens abschlossen, ist erhalten geblieben und von Malone (Shakespeare by Boswell III, 343) mitgeteilt

worden. Hiernach sollte dieses Theater g e n a u n a c h
d e m S c h w a n t h e a t e r e r b a u t w e r d e n , „ s o
d a s s e s a b w e c h s e l n d z u t h e a t r a l i s c h e n
V o r s t e l l u n g e n u n d z u B ä r - u n d S t i e r -
h e t z e n b e n u t z t w e r d e n k o n n t e. " Es sollte
jedoch eine Decke über der Bühne erhalten, die von ihr aus
durch nichts gestützt wurde (the heauens or covering over
the stage was not to have supports upon the stage). Die
Nachrichten über das Red Bull-Theater sind ungleich un-
sicherer. Es muss schon zu Shakespeares Zeit bestanden
haben und ausser zu Tierhetzen zu theatralischen Vorstellungen benutzt, später aber erneuert und erweitert worden sein.
1627 versuchten die darin spielenden Schauspieler unberech-
tigterweise Shakespearesche Stücke hier aufzuführen, was
aber, wie aus einem Eintrag des Masters of the Revels, Sir
Henry Herbert, hervorgeht (Malone, Hist. account of the
Engl. Stage, Basil 1800, 289) verhindert wurde. Nach der
Restauration hatte sich eine Truppe gebildet, die Vorstellungen im Red Bulltheater gab, an deren Spitze 1660 Thomas
Killegrew gestellt wurde. Sie erhielt von nun an den Titel
der Schauspieler des Königs und spielte jetzt bis zum April
1663 in Gibbons Tennis Court in Verestreet, worauf sie ihr
neues Theater in Drury-Lane bezog. Aus dieser Zeit, vom
Jahre 1662, existiert eine Abbildung des Red Bulltheaters,
aus der zu ersehen ist, dass selbst noch damals die Bühne
dieses Theaters frei in den Zuschauerraum hinaussprang, auf
drei Seiten von Zuschauern umstanden wurde und einen
einzigen, aber ziemlich grossen mit Vorhängen drapierten
Zu- und Ausgang in der Mitte der Hinterwand hatte, neben
dem sich zu beiden Seiten im ersten Stock einige kleine Logen
für Zuschauer befanden. Auf der Bühne selbst zeigt die
Zeichnung eine Reihe Personen mit beigefügten Namen. Sie
gehören augenscheinlich den Stücken an, die hier in letzter
Zeit zur Aufführung gekommen waren. Darunter befinden
sich auch zwei Shakespearesche Figuren: Falstaff und die
Wirtin. Sie weisen auf die Lustigen Weiber von Windsor

und auf Heinrich IV., 1. Teil hin — zwei Stücke, die zu denen des Dichters gehören, die in ihrem Verlauf keine besonderen Ansprüche auf Bühneneinrichtungen machen und zur Not auf einer so einfachen Bühne darstellbar waren. Doch beweist die Übersiedelung auf die Bühne in Verestreet und der Bau eines neuen Theaters in Drury-Lane, dass das Red Bull-theater für derartige Stücke als unzulänglich befunden worden war. Die Shakespeareschen Stücke waren eben nicht für offene, sondern für vom Zuschauerraum abgeschlossene Büh-nen und für deren Einrichtungen geschrieben. Auch in Vere-street scheinen nach Bruchstücken von Verzeichnissen der dort zur Aufführung gekommenen Stücke, die sich in den Papieren Sir Herberts vorgefunden haben, nur jene beiden Shakespeareschen Stücke zur Darstellung gekommen zu sein; wogegen nach Eröffnung des neuen Theaters in Drury-Lane noch verschiedene andere davon sehr rasch zur Aufführung gelangten. Es wurde nach einer Bemerkung in Sir Herberts Papieren (Malone, a. a. O. 339) mit Heinrich IV. eröffnet. Othello, ein Hauptstück dieses Theaters, weil hier zum ersten Male eine englische Schauspielerin, als Desdemona, auf der englischen Bühne erschien, folgte kurze Zeit später, und nur allein im November 1663 wurden (nach einer anderen Notiz [ebenda S. 341]) Heinrich V., Die gezähmte Widerspenstige, Macbeth und Heinrich VIII. gegeben, während schon etwas früher die Schauspieler Davenants in ihrem neuen Theater in Portugal Rowe „Macbeth, den Sturm, Lear, Hamlet, Hein-rich VIII., Romeo und Julia und Was ihr wollt" dargestellt hatten. Von den Einrichtungen der Theater mit seitlicher Abschliessung der Bühne vom Zuschauerraum sind wir schon deshalb weniger gut unterrichtet, weil sich keine Abbildungen von ihnen erhalten haben und die Aufschlüsse, die wir dem Forscherfleisse Malones, Halliwell-Philipps u. a. über diese Theater, besonders diejenigen, verdanken, für die Shakespeare von 1594 an seine Stücke schrieb, als das Theatre, das Black-friar- und das Globetheater, sich fast nur auf die Lage, die Besitzverhältnisse, die Bauart und die Massverhältnisse dieser

Theater beziehen, die Einrichtungen der Bühne aber ganz
unberührt lassen. Lässt sich aus ihnen doch nicht einmal
ersehen, ob die Bühnen dieser Theater wirklich vom Zuschauerraum seitlich abgeschlossen und die Zuschauer hier
nur auf den Raum vor der Bühne beschränkt waren. Daher
wir hinsichtlich ihrer bis jetzt nur auf die sie betreffenden,
meist ganz beiläufigen Angaben und Hinweise zeitgenössischer
Schriftsteller und die Dramen der Dichter, die für diese
Bühnen und deren Einrichtungen schrieben, verwiesen sind.
Ich habe von ihnen, als die für mich wichtigsten, hauptsächlich die Shakespeareschen ins Auge gefasst. Liessen sich
doch gerade bei ihm, der seine Stücke nur für die Darstellung
schrieb, bestimmte Aufschlüsse darüber erwarten, die zugleich
den Beweis liefern mussten, dass und wie sehr er bei seinem
dramatischen Schaffen von den Einrichtungen, Konventionen,
Gepflogenheiten und Hilfsmitteln der Bühnen, für die er sie
dichtete, beeinflusst worden ist.

Schon lange mag das seitliche Umstehen der Bühne von
Zuschauern als Störung und als Hemmnis für die Entwickelung der Schauspielkunst, wie des Dramas, besonders des
nationalen mit seinem häufigen Orts- und Szenenwechsel,
empfunden und erkannt worden sein. Mit der Einführung
des Zwischenvorhangs musste dies aber noch fühlbarer werden.
Die grossen Vorteile, die sich von ihm ziehen liessen, konnten
erst dann zu voller Verwirklichung kommen, wenn es jenen
Übelstand zu beseitigen gelang. Diese Vorteile bestanden
nicht nur in der Teilung des Spielraums in zwei gesonderte
Schauplätze, einen vorderen und einen hinteren, sondern noch
weit mehr darin, dass er die Möglichkeit darbot, Personen
und Dinge, die in der vorigen Szene gebraucht worden waren
und, nach dem Charakter und Gange der Handlung, sich bei
eintretendem Orts- und Szenenwechsel nicht, oder doch nur
schwer und in zeitraubender Weise beseitigen liessen, ebenso
rasch wie leicht dahinter verschwinden zu lassen, oder hinter
demselben unbemerkt vom Zuschauer Vorbereitungen für
eine folgende Szene zu treffen. Es müssten sehr schlechte

Schauspieler und Dichter gewesen sein, die diese Vorteile nicht erkannt und zu benützen getrachtet hätten. Es forderte aber zu einigen durchgreifenden Veränderungen auf. Um die beiden hintereinander liegenden Schauplätze hinsichtlich des Auftretens und Abgehens der Spieler unabhängig von einander zu machen, musste jeder seine besonderen Zugänge haben. Dies konnten für den vorderen Schauplatz nur seitliche sein. Es wurde aber auch für den hinteren Schauplatz zur Notwendigkeit, als die früheren allgemeinen Zugänge zur Bühne durch die Hinterwand des 'Tiringhouses in Wegfall kamen, weil man dieser zu anderen Zwecken bedurfte. Es stellte sich nämlich schon früh das Bedürfnis eines höher gelegenen Schauplatzes, einer Art Oberbühne, heraus, wozu sich zunächst nur das obere Stockwerk des 'Tiringhouses darbot und als besonders dazu geeignet empfahl, und da dieser Schauplatz in sehr vielen Fällen eine Verbindung mit dem unteren Stockwerk und dem davorliegenden Teile der Bühne bedingte (z. B. in vielen Kriegsstücken, in denen die obere Bühne den Wall einer Stadt oder Burg darzustellen hatte, in dem sich unmittelbar darunter das Tor zu dieser befinden sollte, wie in Coriolan, Richard II., Heinrich VI. etc.), so entstand in der Hinterwand unter der Oberbühne auch noch eine untere Hinterbühne, die man überall zur Anwendung bringen konnte, wo der durch den Zwischenvorhang herzustellende hintere Schauplatz sich nicht dazu eignete. Die Seiteneingänge zur Bühne bedingten aber selbst wieder einen grösseren, dahinter liegenden Raum, um hier alles anordnen zu können, was durch sie auf die Bühne gelangen sollte, wozu nicht nur bisweilen grosse Fest- und Triumphzüge (wie in Titus Andronicus, Julius Cäsar, Heinrich VIII., Troilus und Cressida, Coriolan etc.), sondern auch die in der nächsten Szene nötigen und zum Teil umfänglichen Geräte und Gegenstände (wie Betten, Amtstische, Prunktafeln etc.) gehörten. Hierzu musste der bisher den Zuschauern des Yard zu beiden Seiten der Bühne überlassene Raum in Anspruch genommen und zu ihr gezogen werden. Damit aber alle diese Vorbereitungen sich unbemerkt vom Zuschauer vollziehen liessen, wurde es wieder notwendig, die Bühne mit Ausschluss der Zugänge (die aber durch Vorhänge und gelegentlich durch Tore und Türen verschliessbar waren) mit Seitenwänden zu umgeben und den also bis zu den Umfassungsmauern des Theaters erweiterten Bühnenraum vom Zuschauerraum seitlich durch Gewände abzuschliessen, mit Ausnahme der Bühnenöffnung, die nun eine besondere Umrahmung erhielt. Um auch noch sie nach beendeter Vorstellung schliessen zu können, bot sich als das einfachste Mittel ein dem Traverse ähnlicher Vorhang an. Erst jetzt konnte hier dieser Vorhang zur Anwendung kommen. Es lässt sich daher sagen, dass der Nachweis eines solchen Vorhanges hier zugleich den der vollständigen seitlichen Abschliessung des Bühnenraumes vom Zuschauerraum in sich einschliesst. Der erste Nachweis eines solchen Vorhanges gehört zwar erst dem Jahre 1592 an, doch sind die vom Zuschauerraum seitlich abgeschlossenen Bühnen jedenfalls älter. Es heisst nämlich nach Malone (a. a. O. S. 82), im Epiloge zu „Tancred and Gismunda" von 1592:

„Now draw the curtains, for our scene is done."

Allein das Stück ist älter und wurde schon 1568 vor Elisabeth aufgeführt, weshalb der Epilog aber nicht ebenso alt zu sein braucht. Bei Shakespeare findet sich weder eine Beziehung auf den vorderen, die Bühnenöffnung schliessenden Vorhang, noch eine namentliche Hervorhebung der oberen und unteren Hinterbühne und der Seitenwände der Bühne, doch weisen die Seiteneingänge auf letztere hin. Auch sagt in dem Vorspiel zu Marstons: „What you will" (1604) Atticus zu seinem Begleiter: „Let's place ourselves within the curtains, for good faith the stage is so very little". Dies bezieht sich jedenfalls auf einen der vorderen Seiteneingänge zur Bühne, der dann gleich hinter dem Hauptvorhang und der mit Behängen bekleideten Seitenwand gelegen haben müsste. Das Sitzen von Zuschauern auf der Bühne darf auch als Beweis dafür gelten, dass in den Theatern, worin es stattfand, keine Zuschauer mehr zu Seiten der Bühne gestanden haben können. Bei Shakespeare finden sich nur ein paar Bühnenweisungen, die direkt auf die seitlichen Eingänge hinweisen. In der ersten Szene des zweiten Teils Heinrich VI. heisst es nämlich in der Folio: Enter King pp. o n t h e o n e s i d e, the Queene o n t h e o t h e r. Sodann gehört hierher noch die Weisung der 8. Szene des III. Aktes von „Antonius and Cleopatra" in der ersten Folio: „Comidius marcheth with his Land Army one way over the stage and Taurus, the lieutenant of Caesar the other way." Sowie in Cymbeline die 2. Sz. V. Aktes, nach der zwei feindliche Heere nebeneinander vorüberziehen und aussen aufeinander treffen und miteinander handgemein werden: „Enter the Roman army at one doore — and the Britain army at another. They march over and go out. Then enter again in skirmish." Nach der zweiten und dritten dieser Bühnenweisungen muss es sowohl vorn als hinten auf dem Hauptschauplatze zwei Bühneneingänge gegeben haben, die einander gegenüber lagen, denn in beiden sind beide Heere weit auseinander gedacht, da sie unbemerkt nebeneinander vorüberziehen. Nach Dyce heisst es ferner in Faustus von Marlowe (s. s. Ausgabe der Werke des letzteren v. 1850. II. S. 76 u. Ausg. 1862. S. 100) „Exeunt on one side devils, on the other old man", und in Marlowes The Jew of Malta (1850. I. 342 u. 1862. 177) „Exeunt on one side Knights and Martin del Bosco, on the other Ferneze." Dodsley, der doch dieselbe Quarto (d. v. 1633) zu diesem Stücke benutzt hat, zeigt die seitliche Hervorhebung nicht, daher diese wohl nur eine Verbesserung von Dyce sein dürfte. Vielleicht ist es bei ihm auch in Marlowes Edward the second der Fall, wo man (1850 II. 174 u. 1862 S. 186) liest: „Enter on one side, the elder Mortimer and the younger Mortimer, on the other Warwiek and Lancaster." Auch in Greenes James IV. heisst es bei ihm (The dram. works of R. Greene p. p. 1874. 218): „March over bravely, first the English host, the Scottish on the other side." — Alle Szenen, bei denen der Zwischenvorhang zur Anwendung kam, weisen noch überdies auf die vorderen Seiteneingänge hin. — Der Zwischenvorhang (Traverse) wird als solcher bei Shakespeare nicht namentlich angeführt. Auch bei anderen dramatischen Dichtern der Zeit kommt diese Bezeichnung ausser in der alten Queene Hester nur selten noch vor. Malone weiss sich dafür nur auf Websters „Duchesse of Malfy" zu berufen. In der Ausgabe dieses Stücks von 1623 heisst es: „Here is discovered behind a t r a v e r s e the artificial figures of Antonio and his children, appearing as if they were dead" (a. a. o. S. 93. S. auch Hazlitt, dram. works of J. Webster II. S. 232). Es gibt aber doch wohl noch andere Belege dafür. So heisst es im Text von Websters: The white devil or Vittoria Corombona (nach Hazlitt a. a. o. II. S. 126 V. Akt 1. Sz., gleichlautend mit Dodsley a. a. O. vol. VI S. 371) „I will see them —

They are behind the t r a v e r s e; I'll discover

Their superstitious howling."
(Cornelia, Zanche (the moor) and three other ladies discovered winding Marcello's corse.) Malone fügt wohl noch einige andere Beispiele an, in denen das Wort traverse aber nicht vorkommt; er glaubt, dass mit dem hier gebrauchten Wort curtain oder arras dieser gemeint sei. In „The Devil's Charter" (1607) — heisst es bei ihm — „the following stage-direction is found: Alexander draweth the curtaine of his study where he discovereth the devil sitting in his pontificals. Again in „Satiromastix" by Decker (1602): Horace is sitting in his study, behind a curtaine, a candle by him burning, books lying confusedly pp. In Marstons „What you will" (1 607) the following stage-direction still more decisively proves this point: „Enter a schoole-maister, draws the curtains, behind which Battus, Nows, Slip, Nathaniel, and Holofernes Pippo, schoolboyes sitting with books in their handes." Again in „Albovine" by M. D'Avenant (1629) „He drawes the Arras, and discovers Albovine, Rhodolinda, Valdaura dead in chaires". Again in „The woman in the Moon" by Lily (1597): „They draw the curtins from before Nature's shop, where stands an image clad and some unclad. They bring forth the cloathed

image." Collier fügt diesen Beispielen noch die Bemerkung
hinzu: „In einem alten Stück Sir Thomas Moores (1590)
heisst es: „Ein Arras wird weggezogen und dahinter sitzen
der Lordmajor, der Richter Suresbie und andere Richter,
Sherif More und andere Sherifs". Wohl mag es hier, wie in
noch vielen anderen Fällen (auf die ich zum Teil noch zurück-
komme)*) richtig sein, dass unter curtain und arras wirklich
ein Zwischenvorhang, d. i. ein quer über die Bühne laufen-
der und den Hauptschauplatz in zwei Teile zerlegender
Vorhang zu verstehen ist und nicht vielmehr der Vorhang
einer der beiden Hinterbühnen, besonders der unteren. So
ist es in Heinrich VI. II. Akt III, Sz. 2 zweifelhaft, ob der
Herzog von Gloster hinter dem Zwischenvorhang oder hinter dem Vorhang der unteren Hinterbühne ermordet wird
und ob in „Hamlet" das Schauspiel hier oder dort stattfindet. Es ist daher immer erst aus dem Text und dem Charakter und der Wichtigkeit des Vorgangs zu erschliessen,
wobei dem Ermessen des Leiters der Darstellung ein gewisser Spielraum gegeben war. Doch wird Hermione im letzten Akte des „Wintermärchen" als Statue, so werden die
drei Kästchen des Kaufmann von Venedig wohl immer
hinter dem Zwischenvorhang und nicht hinter dem Vorhang
der unteren Hinterbühne gestanden haben. Und Heinrich VIII. Akt II. Sz. 2 hat sicher hinter dem Zwischenvorhang gesessen, der aber nicht von ihm, wie die Bühnenweisung fordert, sondern von Norfolk geöffnet wurde, denn
wie könnte er sonst erst hierdurch im Lesen gestört worden
sein. Dringender noch erscheint es geboten, dass sich in der
2. Szene des IV. Aktes von Heinrich IV. II. Tl. das anstossende

---

*) Ich erwähne hier nur noch die Bühnenweisung in Marlowes Faustus
von 1616 (s. Dyce, Works of Marlowe, 1862, S. 133). „Hell is discovered",
sowie die in Websters Appius and Virginia von 1654 (s. Hazlitt, The works
of W., Akt 1, Szene IV). „The senate". Eine Senatssitzung liess sich mitten
im Akte nur mit Hilfe des Zwischenvorhangs einführen. Was auch von der
Bühnenweisung in Websters The devil's lawcase, Akt III, Szene 3 gilt: „A
table set forth with two tapers, a death's head, a book, Jolanta in mourning,
Romelio sits by her" (s. Hazlitt, a. a. O. III, S. 60).

Zimmer hinter dem Zwischenvorhang und nicht hinter dem
Vorhaug der unteren Hinterbühne befindet. Der Vorgang
würde hier zu sehr verlieren. Der König wird in dem vorderen Zimmer von einem Anfall ergriffen:

> „I pray you take me up and beare me hence
> Into some other chamber —“

worauf er in das anstossende hintere Zimmer gebracht und
auf ein darin befindliches Ruhebett gelegt wird. Er befiehlt,
ihm die Krone zur Seite auf das Kissen zu legen:

> „Set me the crowne upon my Pillow here —“

Die Anwesenden ziehen sich nun mit Ausnahme des Prinzen
Heinrich zurück, der bei ihm bleiben und neben ihm wachen
will. Sie treten erst wieder ein, nachdem der Prinz sich mit
der Krone entfernt hat, was durch die unmittelbar aus dem
hinteren Zimmer nach aussen führende Tür geschehen sein
muss, die noch offen steht:

> „This door is open —“ sagt Warwick — „hee is gone
>   this way.
> Hee came not through the chamber where we stayed —“

Als der Prinz zurückkommt, befiehlt der König, ihn mit
seinem Sohne allein zu lassen:

> „Depart the chamber, leave us here alone“ —

Die darauf folgende Unterredung findet nun nur in dem hinteren Zimmer statt. Der König spricht seine langen Reden
vom Ruhebett aus:

> „Come hither, Harrie, sit down by my bed“ —

Er verlässt das andere Zimmer erst, als man ihn nach dem
Jerusalemzimmer trägt, in dem er sich also nicht hier befindet:

> „But beare me to that chamber, there I’le lye,
> In that Jerusalem shall Harry die.“

Der Zwischenvorhang und die Vorhänge der Hinterbühne
stellten aber nicht immer blosse Vorhänge, sondern nicht
selten, wie es Malone ganz richtig ausgedrückt hat, auch

„substitutes of scenes" dar: Beside the principal curtaines, that hung in the front of the stage" — heisst es bei ihm (a. a. O. S. 93) „they used others as substitutes of scenes, which were denominated traverses." Für beides bilden die eben angeführten Beispiele Belege. In den beiden ersten ist der Traverse ein blosser Vorhang, durch dessen Wegziehen ein Raum enthüllt wird, der mit zu dem vorderen Hauptschauplatz gehört und diesen ergänzt; in dem dritten Beispiele aber ist er ein Substitute für die zwischen zwei Zimmern gelegene Scheidewand. Durch seine Wegziehung wird ein ganz neuer Schauplatz, das an dem ersten anstossende Zimmer, sichtbar gemacht. Wird durch das Wegziehen des Vorhangs der Hauptschauplatz in seiner vollen einheitlichen Grösse hergestellt, so muss der Vorhang ein Traverse, so kann er nicht der Vorhang der unteren Hinterbühne sein.

Gewöhnlich traten in den alten Stücken, und so auch bei Shakespeare, um eine Situation zu bilden, die Personen erst auf und die dazu erforderlichen Gerätschaften wurden vor ihnen vor den Augen der Zuschauer hereingebracht. Haben wir Älteren doch noch beides auch auf unseren Theatern gesehen. Doch war es schon damals bekannt, dass es bisweilen ganz vorteilhaft sei, ein Stück, einen Akt, eine Szene mitten in einer Situation zu eröffnen, die dazu u n - b e m e r k t vom Zuschauer vorbereitet und angeordnet worden sein musste. Auch hat man davon nicht selten Nutzen gezogen, doch war es immer nur mit Hilfe eines Traverse, oder des Vorhangs einer der Hinterbühnen möglich. Bei den Szenen mitten im Akte erklärt sich dieses von selbst, zu Anfang des Stücks oder Aktes aber daraus, dass, wie es scheint, der Hauptvorhang vor Beginn der Vorstellung geöffnet, doch erst nach dem Schlusse der Vorstellung wieder zugezogen wurde; die Stücke selbst aber mit einem Prologe oder Vorspiele, oder mit Musik auf offner Bühne eröffnet und die Zwischenakte gleichfalls mit dieser ausgefüllt zu werden pflegten; was durch die Bühnenweisung vor der ersten Szene von Marlowes „Dido", nach Dyce (The works of Marlowe 1850. II. S. 365 u. 1862. S. 251) volle Bestätigung findet. Sie lautet, obschon das Stück keinen Prolog hat: „Here the curtains draw: there is discovered Jupiter dandling Ganymede upon his knee, and Hermes lying asleep." Es kann hier mit den curtains nur der Zwischenvorhang gemeint sein, denn das altenglische Drama verlegte die Handlung nie olne triftigen Grund auf die Hinterbühnen. Shakespeare hat, soweit ich es übersehe, keines seiner Stücke mit einer schon fertigen Situation eröffnet. Sie wird hier immer erst durch die auftretenden Personen vor den Augen des Zuschauers entwickelt. Marlowe hat es aber noch zweimal in Faustus und in The Jew of Malta getan, die beide einen Prolog haben. Die betreffende Bühnenweisung lautet nach Dyce in jenem: „Faustus discovered in his study" und in diesem: „Barabas discovered in his counting house, with heaps of gold before him". Bei späteren Akten und bei Szenen im Akte oder mitten in Szenen kommt es auch öfter bei Shakespeare vor. So zu Anfang des 4. Aktes von Measure for measure, des 3. Aktes von Henry VIII. und vielleicht des 4. Aktes von The merchant of Venice, doch ist hier die Bühnenweisung selbst in der Folio: „Enter the Duke, the Magnificoes, Antonio, Bassanio pp." zu ungenau, um es sicher beurteilen zu können. Doch auch in den beiden ersten, sowie in vielen anderen Fällen (bei Szenen, die mitten im Akte mit einer fertigen Situation eröffnen), weichen die Bühnenweisungen in der Form meist sehr von denen ab, die man in den Ausgaben älterer Dichter bei Dyce zu beobachten hat. Sie sind nicht nur ungenauer als diese, sondern scheinen sich auch zu widersprechen. So heisst es in der Bühnenweisung zu dem III. Akte von Henry VIII. „Enter Queene and her Women as at work", sowie in Richard III. (Akt III, Sz. 4): „Enter Buckingham pp. at a table", und in Othello (Akt I, Sz. 3): „Enter Duke and senators set at a table with lights." Allein dieser scheinbare Widerspruch erklärt sich daraus, dass der Ausdruck „enter" beim Szenenwechsel auf der damaligen englischen Bühne eine stehende

Redensart war, die nicht immer die Bedeutung von „ein- oder auftreten," sondern in diesen Fällen die von „in die Erscheinung treten, dem Sichtbarwerden" hatte, was eben nur durch das Wegziehen eines den Gegenstand bis dahin verhüllenden Vorhangs geschehen konnte. Zweifelhaft ist aber doch, ob in Othello (Akt V, Sz. 2) Desdemona nach der Bühnenweisung der Folio von 1623: „Enter Othello, and Desdemona in her bed" und Imogen in Cymbeline (Akt II, Sz. 2) nach der Bühnenweisung in dieser (der die Angabe des Koffers mit dem darin versteckten Jachimo fehlt): „Enter Imogen in her bed, and a Lady" hereingetragen wurden, oder sich hinter dem Vorhang der Hinterbühne befanden, durch dessen Wegziehen sie in die Erscheinung traten. Vielleicht hat Dyce in den oben angezogenen und anderen Fällen das Wort „enter" erst selbst durch das Wort „discover" ersetzt. Man findet es noch bei ihm in Tamburlaine the great II, Akt II, Sz. 4, wo es heisst: „The arras is drawn, and Zenocrate is discovered in her bed of state, Tamburlaine sitting by her, three Physicians about her bed, tempering potions pp." (s. Works of Marlowe 1850 I. 149 u. 1862. 51), sowie in Greenes James IV. (Akt II, Sz. 1): „The Countess of Arras and Ida discovered in their porch, sitting at work" (s. Works of R. Greene and G. Peele. 196) und in Greenes Friar Bacon and Friar Bungay (a. a. O. S. 172): „Friar Bacon is discovered in his bed pp." In einem Falle gibt Dyce es selbst zu, hierin von den alten Ausgaben abgewichen zu sein. Es ist in der Szene, die in Marlowes Massacre at Paris der Mordnacht vorausgeht. Hier heisst es bei ihm: „The admiral discovered in bed" und in einer Anmerkung, dass die Weisung der alten Ausgaben: „Enter the Admirall in his bed" gelautet hätte. Auch weicht Dodsley in seiner Wiedergabe von Marlowes Jew of Malta in der Bühnenweisung, mit der das Stück eröffnet wird, von der bei Dyce ab. Es heisst bei ihm nur: Barabas in his counting-house, das „discovered" fehlt jedoch. Die Form mit „enter" kommt bei diesen Gelegenheiten auch in den alten Drucken anderer

Schriftsteller noch vor. So, nach Hazlitt (Works of J. Webster I. S. 16), in Websters Sir Thomas Wyat: „Enter Winchester, Arundel and other Lords, the Lord Treasurer kneeling at the council-table". Wie es sich aber damit auch verhält, jedenfalls entsprachen die hier angezogenen Bühnenweisungen Dyces durchaus dem Texte und der Tatsache, dass auf der altenglischen Bühne fertige Situationen nur mit Hilfe des Zwischenvorhangs oder des Vorhangs einer der Hinterbühnen dargeboten werden konnten. Sollten die Darbietungen zu Anfang eines Aktes erfolgen und der Zwischenvorhang dabei zur Anwendung kommen, so musste dies am Schlusse des vorigen Aktes geschehen; jedoch schon am Schlusse der zweitvorigen Szene, falls es zu Anfang einer Szene mitten im Akte Platz greifen sollte, damit während der vorigen Szene, die dann vor dem Zwischenvorhang stattfand, die dazu nötigen Vorbereitungen hinter diesem getroffen werden konnten.

Da das Vorziehen und Wegziehen der Vorhänge zu den Obliegenheiten des technischen Leiters der Vorstellung und seiner Gehilfen gehörte, so fehlen dafür meist die Bühnenweisungen, ausser in Fällen, wo es einem oder dem andern der an der Vorstellung beteiligten Darsteller ausdrücklich vorgeschrieben wird oder es für die Darsteller von besonderer Wichtigkeit ist. Ausser Prospero im Tempest wird auch der König in Henry VIII., dieser jedoch fälschlich, sowie Nerissa im Merchant of Venice und Paulina im Wintermärchen bei Shakespeare mit dem Wegziehen des Vorhangs bedacht. In Websters „Vittoria Corombona" soll Flamineo, nachdem er seinen Bruder getötet, dem Texte nach den Traverse hinwegziehen, der die Wand zwischen seinem und seiner Mutter Zimmer darzustellen hat (wofür jedoch die Bühnenweisung fehlt). (S. Dyce, Works of J. Webster, 1830. I. S. 145 u. Hazlitt, a. a. O. 1897. II. S. 126.) In G. Peeles „The old wive's Tale" hat ferner der Darsteller von Jacks Ghost einen Vorhang wegzuziehen, hinter dem Delia schläft. (S. Dyce, a. a. O. 457.) In dessen „David and Bethsabe" findet sich nach dem Prologe die Weisung „The prologue-speaker, before going out, draws a curtain and discovers Bethsabe, with her maid, bathing over a spring; she sings, and David sits above viewing her". (Dyce, a. a O. S. 464.) Auch glaubt Dyce, der Chorführer im Faustus von Marlowe werde nach gesprochenem Prologe dasselbe getan haben. Wenn es aber in B. Barnet's „Devil's Charter" von 1607, letzte Szene, heisst: „Alexander embraced betwixt two cardinals in his study looking upon a booke, whilst a groome draweth the curtaine" — so ist wohl unter dem groome nur ein Gehilfe des technischen Bühnenleiters zu verstehen, der es unbemerkt auszuführen hatte. In Westward-Hoe von Dekker and Webster endlich heisst es nach Hazlitt (II 135) „Whilst the song is heard, the Earl draws a curtain, and sets forth a banquet".

Ist es in vielen Fällen leicht zu erkennen, dass unter dem Curtain oder Arras der Traverse, der Zwischenvorhang, zu verstehen ist, so ist es in anderen nicht weniger sicher, dass dieser Ausdruck sich auf den Vorhang der unteren Hinterbühne bezieht, da es die Praxis der altenglischen Bühne war, die Erreichung ihrer Zwecke auf die nächste und einfachste Weise zu erzielen. Hinter diesem Vorhange belauscht im Hamlet der König mit Polonius des Prinzen Gespräch mit Ophelia. Hinter diesem Vorhange wird Polonius das Opfer seiner geschäftigen Liebedienerei. Hinter ihm verbirgt sich Falstaff in den „Lustigen Weibern von Windsor". Hinter ihm spielen im „Sturm" Miranda und Ferdinand Schach. Nur in „Othello mag es zweifelhaft sein, ob dieser die Gespräche Cassios mit Jago und Bianca hinter ihm oder hinter einem Vorhange der vorderen Seiteneingänge belauscht. Auf den Vorhang der oberen Hinterbühne bezieht sich bei Shakespeare mit voller Sicherheit eine einzige Stelle. Sie befindet sich in der zweiten Szene des letzten Aktes von „Heinrich VIII." Hier heisst dieser, als er die Balkontüre (the window) verlässt, Butts den Vorhang zuziehen, der ihn wahrscheinlich auch vorher geöffnet hat. Möglicherweise ist mit dem Vorhange, den die

Amme kurz vor Ende des IV. Aktes von „Romeo und Julia"
schliesst, gleichfalls der Vorhang der oberen Hinterbühne
gemeint, vielleicht aber auch der Vorhang von Julias Bette.
Wenn es in Marlowes „The massacre at Paris" heisst: „Enter
the Admirall in bis bed", so hat Dyce (a. a. O. S. 230) nach-
gewiesen, dass dieses Bett auf der oberen Hinterbühne steht,
wo der Admiral auch ermordet wird, da Guise, der sich unten
auf dem Hauptschauplatze befindet, den Befehl erteilt,
seinen Leichnam von da oben auf die Strasse herunterzu-
werfen. Dyce ist daher auch der Meinung, dass der Admiral
nicht vor den Augen der Zuschauer im Bette auf die obere
Hinterbühne gebracht, sondern durch das Wegziehen des
Vorhanges auf ihr sichtbar gemacht wird, daher er die Bühnenweisung in „The admiral discovered in bed" änderte.
Und in Websters „The Thracian wonder" steht nach Hazlitt
(a. a. O. IV. S. 152) in der 3. Szene des II. Aktes Pythia auf
der oberen Hinterbühne hinter den Vorhängen (Pythia
above, behind the curtains) und spricht durch sie ihre Rede.

Was den Zwischenvorhang (Traverse) betrifft, so ist
auch Halliwell-Philipps von seiner Anwendung und Bedeutung
auf der altenglischen Bühne fest überzeugt. Er glaubt, man
habe sich zwei solcher Vorhänge auf ihr bedient. „Intersec-
ting the stage were two curtains of Arras, one running along
near the back, and the other about the centre, either being
drawn as occasion required" (a. a. O. I. S. 184). Ich bin der-
delben Ansicht, nur glaube ich aus verschiedenen Stücken
Shakespeares schliessen zu sollen, dass diese Vorhänge, von
denen er, wie sich zeigen wird, noch oft Gebrauch machte,
eine andere Anordnung hatten und die Bühne nach der Tiefe
in drei nahezu gleiche Teile zerlegten, um je nach Bedürfnis hier den hinteren, dort den vorderen Teil des Hauptschauplatzes, als den grösseren erscheinen lassen zu können.
Wahrscheinlich befanden sie sich an den Enden der zu beiden
Seiten zwischen den Seiteneingängen befindlichen Wände.
Dagegen scheinen viele andere Herausgeber der Shakespeareschen Dramen, sowie deren Übersetzer von einem für

die damalige Bühne so wertvollen Hilfsmittel, als es der
Zwischenvorhang war, kaum etwas gewusst oder es doch
nicht immer genügend beachtet zu haben. Den letzteren
gehört auch Malone zu, der, obschon er seine Bedeutung erkannte, an dafür wichtigen Stellen doch leider nicht immer
daraus die notwendigen Folgerungen zog; worauf ich zurück-
komme. Überhaupt beruhen die Unrichtigkeiten, die man
in den Bühnenweisungen selbst noch der neuesten Ausgaben
und Übersetzungen Shakespearescher Stücke hier und da an-
trifft, ausser auf ungenügender Beachtung der Texte, hauptsächlich auf ungenügender Kenntnis oder Beachtung dieses
und anderer szenischer Hilfsmittel, sowie der Konventionen
und Gepflogenheiten der damaligen Bühne. Obschon man
die Unzuverlässigkeit der in den ältesten Drucken enthaltenen
Bühnenweisungen hinlänglich kannte, da man sie zumeist
berichtigt hat, ist doch an einzelnen trotz ihrer Unrichtigkeit
und Mangelhaftigkeit beharrlich festgehalten worden. So
von Delius an der Zweiteilung der ersten Szene von „Cymbeline" und vom „Wintermärchen", obschon es der Satzung,
dass im altenglischen nationalen Drama der Szenenwechsel
stets nur von der Ortsveränderung bestimmt wird, gleichwie
dem Texte entschieden widerspricht, der hier in beiden Fällen
die Ortsveränderung ausdrücklich ausschliesst (siehe S. 57).
So lässt Schmidt-Tieck im 3. Akte des „Othello" die drei
ersten Szenen an einem und demselben Orte spielen, obwohl
sie dann nach der vorgedachten Satzung nur eine einzige
Szene bilden dürften. Delius hat sie richtig an drei verschiedene Orte verlegt, ist aber in anderen Stücken in einen ähnlichen Widerspruch mit ihr und sich selbst geraten, z. B. im
V. Akt von „Troilus und Cressida". Er hat ziemlich oft einen
Szenenwechsel eintreten lassen, wo nach den Gepflogenheiten
der damaligen Bühne keiner stattfinden durfte, weil die Örtlichkeit dieselbe blieb, so in „The two Gentlemen of Verona"
Akt IV, Szene 3 und 4, im Sommernachtstraum Akt II,
Szene 2, in Titus Andronicus Akt II, Szene 4 etc. Delius
kannte die gedachte Satzung recht gut, da er selbst wieder-

holt darauf hinwies. „Die Folio und die meisten Herausgeber," heisst es bei ihm in einer Anmerkung zur 3. Szene
des I. Aktes von „Measure for Measure", „beginnen hier
eine neue Szene, obgleich die Handlung ununterbrochen an
demselben Orte weitergeht." Er ist ihnen aber dennoch gefolgt; „weil es" — wie er hinzufügt — „wegen der Überein-
stimmung im Zitieren ratsam sei, nicht davon abzuweichen"
— eine Rücksicht, die da, wo es sich wie hier um die Richtig-
stellung des Textes handelte, gewiss nicht am Platze war.
— In Fällen, wo die vorige Szene eine doppelte Ortsangabe,
eine allgemeinere und eine besondere, wie „Rom. Ein
öffentlicher Platz" enthält, dürfte sich der Ausdruck: „The
same" als Ortsangabe für die neue Szene zuweilen nur auf
erstere beziehen, gleichwohl ist sie selbst dann nicht nur ungenau, sondern auch unrichtig. Blieb die Örtlichkeit ganz
dieselbe, so konnte überhaupt kein Szenenwechsel stattfinden. Trat aber, wenn auch nur im zweiten Teile, eine Veränderung ein, so dass die Bühne nicht mehr einen öffentlichen Platz, sondern vielleicht ein Zimmer im kaiserlichen
Palast vorstellen sollte, so durfte sie als das den Szenenwechsel gerade Bestimmende nicht unterdrückt werden.

Die in die Hinterwand eingelassenen Hinterbühnen
nahmen, nach der Überlieferung, eine über der andern, den
mittleren Teil davon ein. Die untere sprang so weit vor, dass
sie vor der oberen einen Balkon oder Heraustritt bildete.
Ebensowenig wie der Traverse und die Hinterbühnen, findet
sich dieser bei Shakespeare namentlich angeführt, was nicht
weiter befremden kann, weil die in den ältesten Drucken
enthaltenen Bühnenweisungen nur für die Schauspieler bestimmt waren. Meist wird er nur, wie die obere Hinterbühne, mit den Ausdrücken „aloft" oder „above" oder „at
the (oder a) window" (die Glastüre) bezeichnet. In anderen
Stücken nach der Bedeutung, die ihm hier beigelegt wird, als
Wall, als Terrasse etc. Malone wusste auch bei anderen
Dichtern nur auf ein einziges Stück hinzuweisen, in dem er
sich als balcon angeführt findet, nämlich in Nabbes's „Co-

vent Garden", a comedy (1639): „Enter Dorothea and
Susan in the balcon." In Middletons „Family of Love"
wird die obere Hinterbühne „the upper stage" genannt. Auf
jeder Seite derselben befand sich eine Loge, die für gewöhnlich von Zuschauern benutzt wurde. Nötigenfalls wurden
diese Logen aber auch mit zur Darstellung gezogen. Dies
scheint z. B. in Ben Jonsons „The devil is an ass" der Fall
gewesen zu sein, wo aus den Fenstern zweier benachbarter
Häuser ein Gespräch geführt werden soll, sowie in der Mord-
szene von Marlowes „Massacre at Paris", wo Morde in verschiedenen Häusern fast gleichzeitig stattfinden, die sichtbar
gemacht werden sollen. Dagegen finden sich bei Shakespeare
im Texte zwei Stellen, die auf das Vorspringende der unteren
Hinterbühne hinzuweisen scheinen. Es sind die in der 1.
Szene des V. Akts von „Othello" an Roderigo gerichteten
Worte Jagos: „Here stand behind this bulk", die die Quarto
von 1622 richtig gibt, wogegen die erste Folio das Wort bulk
ganz unverständlich in barke verkehrt hat. Sodann die
ersten Worte, mit denen der erste Lord in der 1. Szene des
IV. Akts von „All's well that ends well" die im Hinterhalt
liegenden Soldaten anredet: „He can come no other way but
by this edge corner." Auf die untere Hinterbühne findet
sich nach Dyce (a. a. O. 238) in Greenes Alphonsus (Akt IV)
eine Anspielung, insofern es hier heisst: „Let there be a
Brazen head set in the middle of t h e p l a c e b e h i n d
t h e s t a g e."

Die untere Hinterbühne stellte zuweilen ein Tor, ein
Portal, oder, wie in „Cymbeline" (Akt III, Szene 3) und in
„Timon" (Akt IV, Szene 3) den Eingang zu einer Höhle vor.
Im „Titus Andronicus" (1. Szene, I. Akt) befand sich hier
der Aufstieg zum Kapitol, in „Romeo und Julia", letzte
Szene, die in die Gruft der Capulets hinunterführende Treppe.
Die Hinterbühnen waren schmäler und niedriger, als der
durch den Zwischenvorhang entstehende hintere Schauplatz.
doch darf man sie sich auch nicht zu klein vorstellen, da bis-
weilen figurenreiche Vorgänge hier stattfanden. Dies ist

gleich in einer der frühesten Tragödien Shakespeares, in
„Titus Andronicus" der Fall. Hier treten bei der Eröffnung
des Stückes auf der oberen Hinterbühne die Senatoren Roms
auf, während auf dem Hauptschauplatze unten durch die
hinteren Seiteneingänge, hier Saturninus, dort Bassianus,
jeder mit seinen Anhängern, als Bewerber um die erledigte
Kaiserkrone heranziehen, und etwas später der aus dem
Gotenkriege siegreich mit der gefangenen Tamora heim-
kehrende Titus Andronicus seinen Einzug durch einen der
vorderen Eingänge hält und die Leiche seines in der Schlacht
gefallenen Sohnes dem gegenüberliegenden Erbbegräbnis der
Androniker feierlich übergibt. Der ganze Apparat der damaligen Bühne (soweit er bisher zur Sprache kam) mit einziger
Ausnahme des Zwischenvorhangs ist hier von Shakespeare
benutzt und vielleicht zu glänzenderer Wirkung, als in irgend
einem anderen seiner Stücke gebracht worden, d a h e r ·e r
s c h o n d a m a l s a u f v e r s c h i e d e n e n B ü h n e n
e i n g e f ü h r t g e w e s e n s e i n m u s s. Dass die obere
Hinterbühne hier einen Platz vor dem Kapitol darstellt, erfährt man zunächst nur aus dem Text, später aber auch aus
der Bühnenweisung: „They (die beiden Bewerber) go up
into the Senate-house," was jedenfalls durch die untere
Hinterbühne geschah, die einen Zugang und Aufstieg (wahrscheinlich einen doppelten) zum Kapitole enthalten musste,
oder warum wären sonst Saturninus und Bassianus gerade
hierhergekommen, um ihre Ansprüche auf dem Kapitole gel-
tend zu machen? Auch in „The Taming of the Shrew" erscheint, wie schon in dem älteren Stücke, auf der oberen
Bühne eine ziemlich zahlreiche Gesellschaft: „Enter aloft
the drunkard with attendants" — heisst es hier in der Folio
— „some with apparel, and Lord," zu denen dann später
noch der als Dame verkleidete Page mit Gefolge kommt. —
In der 13. Szene des IV. und in der 2. Szene des V. Akts von
„Antonius und Cleopatra" stellt die obere Hinterbühne ein
offenes Gemach in einem Grabmonumente dar, dessen unterer
Eingang zunächst verrammelt und verriegelt ist. Hier hat

Cleopatra mit ihren Getreuen Schutz vor dem siegreichen Cäsar gesucht. Hier wird der im Sterben liegende Antonius, der ihr noch einen Kuss auf die Lippen zu drücken verlangt, von aussen zu ihr hinaufgezogen. Hier dringt Proculejus mit Wachen gewaltsam herein und bemächtigt sich ihrer. Hier hat sie eine Begegnung mit ihrem Besieger. Hier begrüsst sie endlich als Befreier den Tod. Das Emporziehen des sterbenden Antonius ist allerdings seltsam genug, so dass man wohl bezweifelt hat, dass es wirklich so dargestellt worden sei. Doch ist es sicher geschehen, der Text lässt einen Einwand nicht zu. Schon das altgriechische Theater besass ja Schwebe- und Flugmaschinen. Das mittelalterliche Theater hatte dies (nach Petit de Julleville: Les Mystères) weiter ausgebildet. Bei einer Darstellung der Passion in Valenciennes (1547) stieg Lucifer auf einem Drachen aus der Hölle hervor, und die Seelen des Herodes und des Judas wurden durch die Lüfte entführt. Bei einer Weihnachtsfeier flogen bei der Geburt des Herrn die Engel singend über der gesegneten Hütte. Im geschäftlichen Leben der britischen Hauptstadt wird das Emporwinden und Niederlassen von Lasten jedenfalls schon früh zu grosser Ausbildung gelangt sein. Kein Wunder, wenn die Bühne davon Nutzen gezogen hat. Schon in Greenes „Alphonsus“, der vor 1592 zur Aufführung kam, heisst es daher zu Anfang des Stücks: „After you have sounded thrice let Venns be let down from the top of the stage“, sowie am Schlusse des Stücks: „Exit Venus, or if you can conveniently let a chair come down from the top of the stage, and draw her up.“ Auch Shakespeare hat sich noch dieses Mittels in „Cymbeline“ und in „The Tempest“ bedient. Dort schwebt in der 4. Szene des V. Aktes Jupiter auf einem Adler vom Himmel herab und wieder empor, hier schwebt Juno zur Erde nieder. Auch Ariel in „A Summernight's dream“ dürfte wohl seine Flügel nicht umsonst gehabt haben. In Dekkers „Old Fortunatus“ fliegt dieser (nach dem Texte) in der Szene beim Sultan, nachdem er den Wünschhut aufgesetzt hat, durch die Lüfte davon, wenn es die Bühnenweisung auch nicht ausdrücklich vorschreibt. Dasselbe wiederholt sich später bei Agrippina und Andelocia (siehe d. Ausg. v. Dekkers Werken 1873, I, 112, 144 u. 161). In dem alten Stücke „Tancred and Gismunda" heisst es: „Cupid comes out of the heavens in a craddle of flowers." In Marlowes „Faustus" kommt vom Himmel ein Thron herab und steigt wieder empor; in „A Looking Glass for London and England" von Lodge und Greene heisst es (Dyce, Works of Greene 1874, S. 119): „Enter brought in by an angel Oseas the Prophet and let down over the stage in a throne", und in G. Peeles „Sir Clyomon and Sir Clamydes" (a. a. O. S. 520): „Providence descends". Was man der damaligen Bühne trotz ihrer angeblichen Dekorationslosigkeit doch glaubte zumuten zu können, beweist die Bühnenweisung in „A Looking Glass etc." (a. a. O. S. 195): „Jonas is cast out of the whale's belly upon the stage."

Den häufigsten Gebrauch von der oberen Bühne hat Shakespeare in „Romeo and Juliet" gemacht. Hier spielt nicht nur die nächtliche Liebesszene des II. Aktes mit auf dem Balkon, und man kann durch die Glastüre in Julias Zimmer sehen und aus diesem die Stimme der Amme hören, sondern auch die Abschiedsszene an dem der Brautnacht folgenden Morgen spielt nach der Weisung der ersten Quarto: „Enter Romeo and Juliet at the window" und nach der der Quarto von 1609 und der ersten Folio: „Enter Romeo and Juliet aloft" teilweise oben. Wenn die Bezeichnung „aloft" oder „above" der 3. und 5. Szene des IV. Aktes, die beide am selben Orte spielen, in allen mir vorliegenden drei Ausgaben fehlt, so ist dies noch kein Beweis, dass sie nicht ebenfalls oben dargestellt worden sind. Fehlt doch der 3. Szene des letzten Aktes dieses Stücks, sowie der 2. Szene des letzten Aktes des „Titus Andronicus" gleichfalls jene Bezeichnung, obschon in jenem der Text darauf hinweist, dass die auf dem Kirchhofe sich abspielenden Vorgänge auf der oberen Hinterbühne stattfinden und diese im zweiten Stück nach dem Texte das Arbeitszimmer des „Titus Andronicus" darzustellen hat. Für die Schlussszene des IV. Aktes von „Romeo und Julia" würde es jedenfalls vorteilhaft gewesen sein, wenn sie sich teils oben, im Schlafzimmer Julias, teils auf dem Hauptschauplatze unten, im Garten, abgespielt hätte. Paris konnte dann mit Lorenzo in diesem auftreten und letzterer von hier aus an den auf den Balkon tretenden Capulet die Frage richten: „Ist die Braut bereit, zur Kirch' zu gehen?" Nach deren Beantwortung sie dann hinaufgegangen, die Musikanten aber unten geblieben wären. Diese hätten dann nicht nötig gehabt, wie die erste Quarto andeutet, in das Zimmer der Scheintoten hereinzubrechen oder, wie es in den beiden anderen Ausgaben scheint, denen jede Bühnenweisung dafür fehlt, plötzlich — man weiss nicht wie? — hier aufzutauchen, wo ihre spasshaften Reden etwas Verletzendes haben. Sie konnten dann ihre Unterhaltung unten im Garten führen, nachdem oben die Amme den Vorhang zugezogen hatte.

Von den Vorgängen, die sich bei Shakespeare auf der unteren Hinterbühne abspielen, scheint die 1. Szene des 4. Aktes von „Much ado about nothing" die figurenreichste gewesen zu sein. Gewöhnlich nimmt man zwar an, dass sie sich in einer Kirche zuträgt, allein das ganze Gebahren der Leute lässt vermuten, dass sie in der Privatkapelle Leonatos und zwar nur im Anfange stattfindet, im weiteren Verlaufe aber in einem davor liegenden Zimmer, in das sich die Handlung nach Unterbrechung der schon angehobenen Trauung mehr und mehr herauszieht.

Es scheint, als ob wichtigere Vorgänge mehr in der unteren, als in der oberen Hinterbühne verloren hätten und deshalb, wenn sie auch früher dort dargestellt wurden, später auf den Hauptschauplatz verlegt worden wären, sei es mit oder ohne Anwendung des diesen dann in einen Vorder- und einen Hinterschauplatz teilenden Zwischenvorhangs. Ich glaube dies aus der Verschiedenheit schliessen zu sollen, die die 7. Szene des IV. Aktes von „Lear" in der Quarto von 1608 und in der Folio darbietet. Nach dem Texte der ersteren muss der erschöpfte Lear hier schlafend hinter dem noch geschlossenen. Vorhang der unteren Hinterbühne auf einem Ruhebette liegen. Nachdem der Arzt Cordelia befragt hat, ob er ihn wecken soll, und für diesen Fall um ihre Gegenwart bittet, und Cordelia sich hierzu bereit erklärt, ersucht er sie, näher zu treten:

„Please you, draw near."

Wie sehr sie sich nähert, geht aus ihren Worten hervor: „And let this kiss repair those violent harmes etc."

Das so wichtige Wiedersehen Cordelias mit ihrem Vater war hier also ganz in den Hintergrund gerückt. Es fand auf der unteren Hinterbühne statt. Anders zeigt es die Folio von 1623, wo, nachdem Cordelia sich bereit erklärt hat, beim Wecken des Königs zugegen zu sein, dieser (nach einer Bühnen-weisung) schlafend in einem Armstuhle hereingetragen und so dicht vor sie hingestellt wird, dass sie ihn küssen kann. Es scheint hiernach, als ob der nun folgende Teil der Szene auf der Hinterbühne nicht zu voller Wirkung gekommen und deshalb weiter vor, auf den Hauptschauplatz, verlegt worden sei. — Wenn in „Romeo und Julia", Akt III, Szene 5 das Gegenteil stattfindet und in der ältesten Ausgabe der zweite Teil dieser Szene, die anfangs oben spielt, auf den unteren Hauptschauplatz, in das Zimmer der Mutter verlegt wird, während in den späteren Ausgaben auch dieser Teil sich weiter fort auf der oberen Hinterbühne entwickelt, so ist zu berücksichtigen, dass hier eben lange und bedeutende Vor-gänge nicht so viel verloren zu haben scheinen, als auf der unteren Hinterbühne. Wenigstens finden sich ausser der schon erwähnten in „Titus Andronicus", der „Widerspensti-gen" und in „Romeo und Julia" von Shakespeare, auch nach der Folio, in Heinrich VI., 3. Teil, letzte Szene, in Richard II. (Akt IV, Szene 4) und besonders in dem so viel später ge-schriebenen „Antonius und Cleopatra" (Akt IV, Szene 13 und Akt V, Szene 2) dergleichen Szenen auf die obere Hinter-bühne verlegt.

Die Hinterbühnen mit ihren Vorhängen sind, wie die Tafeln, die zur Bezeichnung der Örtlichkeiten ausgehängt

Prölß, Shakespeares Dramen. 7

wurden, noch eine Überlieferung der mittelalterlichen Bühne, auf der sie, besonders in Frankreich, in Brauch waren. Wie hoch das Shakespearesche Drama sich durch seinen geistigen Inhalt über seine Zeit auch erhob, um trotz allen Veränderungen, die die Bühne, der Geschmack und die Bildung inzwischen durchlaufen und trotz der hohen Entwickelungsstufe, die sie dabei erreicht haben, noch heute nicht nur in England, sondern auch bei uns in Deutschland als einer der Höhenpunkte des Dramas und der Dichtung aller Nationen geschätzt und gefeiert werden und auf der modernen Bühne lebendig bleiben zu können, so hängt es doch mit einigen seiner Wurzeln noch mit dem mittelalterlichen Drama zusammen.

Die Verschiedenheit der Schauplätze der altenglischen Bühne und der zahlreiche, mannigfaltige Gebrauch, den Shakespeare davon in seinen Dramen gemacht hat, hätte allein schon hinreichen können, die herrschend gewordene Sage von der Gleichgültigkeit beider gegen die Örtlichkeit der von ihnen darzustellenden Vorgänge und von der Nichtbeachtung der Gesetze des Raumes, deren sie sich schuldig gemacht haben sollen, zu widerlegen. Sie ist seltsamerweise, wie ich glaube, von einem der verdienstvollsten Forscher der altenglischen Bühne und Shakespeares, von Malone, ausgegangen und vermöge seiner Autorität in Aufnahme gekommen. Veranlassung dazu gab eine Bühnenweisung, die sich in der ersten Folio und in der Ausgabe von 1609 am Schlusse der 4. Szene des I. Aktes von „Romeo und Julia" vorfindet: „They (Romeo und dessen Freunde) march over the stage, and Servingmen come forth with their napkins." Es ist von ihr schon im Nachtrag 3 die Rede gewesen, wo ich aus anderen Gründen den Beweis erbringen konnte, dass sie verderbt und aus der Zusammenziehung zweier ganz verschiedener Bühnenweisungen entstanden ist, von denen die erste noch zur vierten, die zweite aber zur nächsten Szene, der fünften des ersten Aktes, gehört, wobei der aus dem nach „and" folgenden Worte „exeunt" oder aus „exeunt into Capulet's house" bestehende Schluss der vierten in Wegfall

gekommen ist. Es sieht hierdurch wirklich so aus, als ob
Romeo und seine Freunde hier gar nicht abgingen, die Diener,
sowie später Capulet und dessen Gäste vielmehr zu ihnen
heraus, d. i. auf die Strasse kämen und hier das Fest seinen
Fortgang nähme. Dies wird jedoch, so unsinnig es auch schon
an sich ist, zumal der Orts- und Szenenwechsel auf der altenglischen Bühne sich so überaus leicht vollziehen liess, vom
Texte aufs entschiedenste widerlegt, der keinen Zweifel daran
aufkommen lässt, dass Romeo und seine Freunde abgegangen
sein müssen und alles weitere im Hause Capulets vor sich
geht, wie es nach ihm auch von späteren Herausgebern des
Dramas dargestellt worden ist. Allein so gut Malone die Unzuverlässigkeit der Bühnenweisungen der alten Drucke*) ge-
kannt hat, da er so viele berichtigte, so steiften doch er und
seine Nachfolger sich beharrlich darauf, die hier vorliegende
für ganz unfehlbar zu halten und Shakespeare ohne jede
haltbare Nötigung etwas so Widersinniges beizumessen,
als zwei einander räumlich ausschliessende Vorgänge gleichzeitig auf einen und denselben Schauplatz verlegt zu haben.
Malone wurde zu dieser seltsamen Auffassung durch das
Suchen nach Beweisen für die im Wesentlichen richtige, wenn
auch etwas zu weit gehende Ansicht von der sogenannten
Dekorationslosigkeit der altenglischen Bühne verleitet, obschon er sich leicht überzeugen konnte, dass diese nicht aller
Mittel beraubt war, den Orts- und Szenenwechsel, wennschon
immer nur notdürftig, sichtbar werden zu lassen. Sie hatten
ihr, wie die Reden der Diener beweisen, auch hier nicht
gefehlt. Der Kredenztisch und die Klappstühle, die wir sie
auf die Seite bringen sehen, um Platz für die Tänzer zu
schaffen, können doch nicht von Anfang an auf der Strasse
gestanden haben. Sie mussten herbeigeschafft worden sein,
um dem Zuschauer das Innere von Capulets Hause mit zu
veranschaulichen. Doch glaubte Malone, noch weiteren ähn-

---

*) S. Nachtrag 9, in dem zum Beleg die fehlerhaften und fehlenden
Bühnenweisungen der ältesten Drucke von „Romeo und Julia", mit Ausnahme der beabsichtigten Weglassungen, aufgezählt werden.

lichen Unzuträglichkeiten bei Shakespeare begegnet zu sein. „So ist auch," heisst es bei ihm (a. a. O. 96), „in Heinrich VIII, derselbe Ort zugleich das Sitzungszimmer des Geheimen Rates und das davor liegende Wartezimmer (the outside and inside of the Council-Chamber)." Hier handelt es sich zwar um keine f e h l e r h a f t e Bühnenweisung, wohl aber um den A u s f a l l einer solchen, die ich als g r u n d s ä t z - lich vom Dichter beabsichtigt bezeichnet habe. Hier fehlt Akt V, Szene 2 nach des Königs Weggange von der oberen Hinterbühne, von wo er mit Butts in das darunter liegende Wartezimmer gesehen hat, wie überall sonst in den ältesten Drucken dieses und anderer Stücke des Dichters die Weisung für den nun eintretenden Orts- und Szenenwechsel, der hier nur durch den h i n t e r e n Zwischen. vorhang herbeigeführt werden konnte, weil Cranmer und die übrigen Wartenden das Wartezimmer nicht verlassen durften und das Zimmer des Geheimen Rates möglichst gross erscheinen sollte. Durch den Wegfall der den Zwischenvorhang betreffenden Bühnenweisung, der ebenfalls wieder zu den vom Dichter beabsichtigten Weglassungen gehört, sieht es auch hier in dem Drucke der ersten Folio wieder so aus, als ob man den Ratstisch und die Sessel in das Wartezimmer hereinbrächte und dieses hierdurch zugleich zum Zimmer des Geheimen Rates gemacht würde. Auf der Bühne wird man es aber gewiss nicht so dargestellt haben. Der von aussen eintretende Türsteher lässt keinen Zweifel darüber, dass beide Räume getrennt voneinander dargestellt worden sind. Denn auf Norfolks Frage: „Wer wartet?" antwortet er mit der Gegenfrage: „Draussen, gnädige Lords?" — „der Lord Erz- bischof, seit einer halben Stunde schon." Worauf er den draussen (hinter dem Vorhang) Harrenden zum Eintreten auffordert.

Malone hätte sich für seine irrige Auslegung (wie dies ja später von anderer Seite geschehen ist), noch auf die 2. Szene des 2. Aktes von „Lear" berufen können, in der der vor Glosters Schlosse in Fussklöcken liegende Kent vor Erschöpfung eingeschlafen ist. Natürlich kann er den Ort nicht verlassen und das Hinaus- und Wiederhereintragen hätte leicht ins Lächerliche fallen können. Gleichwohl sollte gerade hier Orts- und Szenenwechsel eintreten, wozu sich der Zwischenvorhang wieder als treffliches Hilfsmittel anbot. Da die auf ihn bezüglichen Bühnenweisungen aber ebenso beabsichtigt unterblieben, wenn sie nur für die technischen Leiter des Spiels und ihr Hilfspersonal bestimmt waren, wie die Akt- und Szeneneinteilung, und Kent in den Fussblöcken liegen bleiben musste, so hat es in den Drucken der ältesten Quartos des Stücks und sogar in der ersten Folio (obschon diese hier sonst Akt- und Szeneneinteilung hat) wieder den Anschein, als ob der nun auftretende Edgar, der, nach dem, was er sagt, sich an einem entlegenen Orte der Heide befindet und auf die verzweifeltsten Mittel sinnt, um sich der Verfolgung seines Vaters zu entziehen, seine Betrachtungen vor dessen Schlosse anstellte, wo er doch seinen Verfolgern geradezu in die Arme laufen würde. Auf den Ort- und Szenenwechsel weist hier aber auch noch die verschiedene Tageszeit hin, während welcher die Begebenheiten sich vor und nach dem Selbstgespräche Edgars ereignen, denn jene finden am frühen Morgen, diese am Nachmittag statt, da am Schlusse der folgenden Szene die Nacht bereits anbricht. „O Gott! die Nacht bricht ein!" klagt hier Gloster, was von Cornwall bestätigt wird. Spätere Herausgeber und Übersetzer des Lear haben auch diesen Fehler der Folio nach dem Texte berichtigt und vor Edgars Auftreten und Wiederabgange einen Orts- und Szenenwechsel eintreten lassen, ohne doch dabei den Zwischenvorhang zu erwähnen, an den sie wohl gar nicht gedacht haben.

Wenn in diesen beiden Fällen durch den Zwischenvorhang alles erreicht wurde, was bei den Mitteln der damaligen öffentlichen Bühne überhaupt zu erreichen war, um dem Text und den Forderungen der Wirklichkeit zu entsprechen, so war es in der 1. Szene des 3. Aktes von Julius Cæsar doch nicht ganz möglich. Hier sollen wirklich zwei einander örtlich ausschliessende Vorgänge, wennschon nur vorübergehend

teilweise, gleichzeitig sichtbar gemacht werden. Zunächst
soll man nach den Worten des Textes Cæsar und seine Begleiter aussen auf dem Platze oder der Strasse v o r dem
Kapitole und gleich darauf i m Sitzungssaal des Kapitols
s e l b s t sehen und zwar über jenen Platz hinweg, auf dem
zunächst noch mehrere seiner Begleiter zurückbleiben und
seine Bewegungen zu verfolgen scheinen. Doch weist keine
Bühnenweisung auf das eine und andere hin, noch auf das,
wodurch es in einem gewissen Umfang erreicht wird. Dies
konnte aber wieder nichts anderes als der Zwischenvorhang
sein, und zwar hier der vordere, der den Hauptschauplatz
in zwei Teile zerlegte, von denen der hintere der grössere
sein musste, weil sich hier die figurenreichere Haupthandlung
der Szene entwickelt. Wahrscheinlich war der Zwischenvorhang anfangs geschlossen und öffnete sich erst bei Cæsars
Annäherung, um den schon zur Hälfte gefüllten Sitzungssaal
in seiner vollen Grösse sichtbar werden zu lassen. Dies wäre
in Wirklichkeit freilich nicht möglich gewesen. Die dazwischen liegende Frontmauer des Kapitols würde es verhindert haben. Hier aber kam diese Mauer in Wegfall.
Geschah es nur ausnahmsweise, auf eine besondere Veranlassung Shakespeares hin? Oder handelte es sich um eine
allgemeine Konvention der damaligen Bühne? Letzteres ist
nicht zu bezweifeln. Ist doch die Szene, in der bei Webster
Flamineo in Vittoria Corombona mit dem Traverse die Zwi-
schenwand seines und Cornelias Zimmer hinwegzieht, so dass
nun beide einander sehen und mit einander sprechen, dafür
ein Beleg. War doch schon damals die konventionelle Hinterbühne bei uns in Deutschland eine ständige Einrichtung.
Hat sich, um einen Innenraum auf der Bühne sichtbar zu
machen, die Konvention, die äussere Frontmauer des ihn
enthaltenden Gebäudes fallen zu lassen, trotz der hohen
Entwickelung, die man in der Kunst, den möglichst vollen
Schein der Wirklichkeit auf der Bühne zur Darstellung zu
bringen, inzwischen erreicht hat, wennschon in beschränk-
terem Umfange in allen unseren Theatern erhalten. Und wie

weit man in dieser Entwickelung auch fortschritte, würde man sich doch dieser Konvention nie völlig entschlagen können. Jedem Innenraum, den die Bühne sichtbar zu machen hat, wird die nach dem Zuschauer gerichtete Wand fehlen. Es ist hierzu die unerlässliche Voraussetzung. Nur weil man seit längerer Zeit der konventionellen ständigen Hinterbühne entsagt hat, ist diese Konvention heute nur noch auf den Hauptschauplatz vorn eingeschränkt. Die altenglische Bühne hatte sie aber, gleichwie damals die unsere, auf ihre verschiedenen Hinterbühnen und auf den hinteren Schauplatz mit übertragen, was der ganze Unterschied ist.

Heute nehmen wir Anstoss daran, dass zwischen dem Zuschauer und dem einen Innenraum darstellenden hinteren Schauplatz sich ein anderer Schauplatz befindet, der diesen Wegfall sichtbar macht und die auf ihm befindlichen Personen ihn als etwas Selbstverständliches behandeln. Damals aber fanden weder Dichter, noch Zuschauer darin etwas Anstössiges, wie auch wir noch heute jenen Wegfall ruhig hinnehmen, falls er auf den vorderen Schauplatz beschränkt bleibt, obschon er uns auch hier durch so vieles sichtbar gemacht wird: durch die Lampen vorn an der Rampe, durch den Souffleurkasten und die Umrahmung der Bühnenöffnung, sowie durch die im Orchester befindlichen Musiker und die vor uns sitzenden Zuschauer. Ähnliches findet vor jedem Gemälde statt. Wir wissen ja doch, dass es weder hier, noch dort, die volle Wirklichkeit ist und sein kann, die dargestellt wird, dass es sich hier und dort nur um den künstlerischen Schein einer solchen handelt — der beste Beweis zugleich, dass die realistische Täuschung der letzte Zweck der Kunst niemals sein kann. Es ist hiernach unrichtig, dass Shakespeare hier und in anderen ähnlichen Fällen, zwei einander räumlich ausschliessende Vorgänge gleichzeitig auf einen und denselben Schauplatz verlegt und dargestellt habe. Es ist von ihm gleichzeitig immer auf zwei von ihm örtlich unterschiedenen Schauplätzen (so hier, in Julius Cæsar, mit Hilfe des Zwischenvorhangs auf dem Platze v o r dem

Kapitol und im Sitzungssaale des Kapitols) geschehen,
wennschon es möglich ist, dass bei der Darstellung einer so
lebhaft bewegten Szene, wie die der Ermordung Julius Cæsars,
die Grenzlinie zwischen diesen beiden Schauplätzen manch-
mal überschritten worden sein mag, so dass manches auf den
vorderen zur Darstellung kam, was auf den hinteren gehört
hätte, und z. B. der Bote des Antonius und dieser selbst,
ihre an die Verschworenen gerichteten Reden, vielleicht schon
auf dem vorderen, die Strasse darstellenden Schauplatz,
begannen. Die Zuschauer dürften es damals gar nicht bemerkt haben, was durch die gleichmässige Ausstattung beider
Schauplätze begünstigt wurde. Wie sich aus dem von Frau
Mentzel entdeckten Holzschnitt erkennen lässt, wurde schon
damals auf verschiedenen Bühnen, nicht nur aus perspekti-
vischen Gründen, sondern auch zur Vermeidung dieser Ver-
wechslungen, die nicht dem Dichter, sondern den Schauspielern zur Last fielen, der hintere Schauplatz um eine oder
zwei Stufen gegen den vorderen erhöht. Dies konnte aber
nur stattfinden, wo die Zweiteilung des Hauptschauplatzes
zu einer festen Einrichtung geworden war, was nach den
Shakespeareschen Stücken auf der Shakespeareschen Bühne
der Fall eben nicht gewesen sein kann.*) Da das Öffnen
des Zwischenvorhangs nicht immer eine Zweiteilung des
Hauptschauplatzes sichtbar machen sollte, wie vor der Er-
mordungsszene Julius Cæsars, sondern es auch bisweilen die
Wiederherstellung des Hauptschauplatzes in seiner einheitlichen vollen Grösse herbeizuführen hatte, wie vor der unmittelbar darauf folgenden grossen Szene auf dem Forum,
oder vor der Gruftszene in Romeo und Julia, so muss es
äussere Merkmale für das eine und andere gegeben haben.
Wahrscheinlich war im ersten Falle die Öffnung des Vorhangs
keine vollständige, er musste zu beiden Seiten noch etwas
sichtbar bleiben, wogegen er im zweiten Falle ganz zu verschwinden hatte. — Es scheint, dass die altenglische Bühne

---

*) S. Nachtrag 10.

der hier besprochenen Konvention sogar noch eine weitere Ausdehnung gab, wovon Shakespeare dann in der Gruftszene von Romeo und Julia Gebrauch gemacht haben würde, denn hier soll der Zuschauer sogar durch die Wölbung der Gruft das, was sich auf der den Kirchhof darstellenden oberen Hinterbühne ereignet, erblicken. Auch dieses wurde durch die konventionelle Ausstattung der Bühne damals begünstigt.

Am meisten scheint Shakespeare gegen die Gesetze des Raums in der Zelt- und Traumszene des letzten Aktes von „Richard III" gefehlt zu haben. Doch ist es auch hier nur scheinbar. Er wusste natürlich recht gut, dass die Zelte Richards und Richmonds hier einander so nahe gerückt erschienen, wie es in Wirklichkeit unmöglich der Fall gewesen sein konnte. Allein er glaubte seinen Zuschauern zumuten zu dürfen, sich gleichwohl die beiden Zelte so weit voneinander vorzustellen, als sie es in Wirklichkeit gewesen sein mussten. Die Bühne sollte eben das ganze dazwischen liegende Schlachtfeld darstellen. Die Träume und ihre durch die Enge der Bühne begünstigte Veranschaulichung, die doch der Hauptzweck der ganzen Gegenüberstellung waren, erschwerten dies aber wieder und hielten, indem sie dort die Zuversicht Richmonds erhöhten, und hier Schrecken und Unsicherheit in die Seele Richards warfen, beide Vorgänge nur noch enger zusammen. Dies und das schon früher erwähnte aneinander Vorüberziehen zweier feindlichen Heere in „Antonius und Cleopatra" und in „Cymbeline", wo die Bühne ebenfalls das ganze dazwischen liegende Schlachtfeld vorstellen sollte, sind, wie ich glaube, die einzigen Fälle, in denen man Shakespeare, scheinbar mit einigem Recht, vorwerfen kann, die Gesetze des Raumes und der Wirklichkeit nicht genügend beachtet zu haben.*)

Hätte es Shakespeare gereizt, zwei einander entlegene Vorgänge gleichzeitig zur Darstellung zu bringen, so

---

*) S. d. Nachtrag 11.

würden ihm die verschiedenen Schauplätze der altenglischen Bühne Gelegenheit dazu geboten haben. Alle gleichzeitigen Vorgänge, die er aber auf diese Weise zur Darstellung brachte, grenzen räumlich dicht aneinander. Nur von der Konvention der damaligen Bühne ist von ihm dabei Gebrauch gemacht worden, die etwa dazwischen liegenden Hindernisse im Interesse des Zuschauers zu beseitigen, wie die Frontmauer des Kapitols in „Julius Cæsar" und teilweise das Gruftgewölbe in „Romeo und Julia".

Das Öffnen und Schliessen der Vorhänge, des Hauptvorhangs vorn, wie des Zwischenvorhangs und der Vorhänge der beiden Hinterbühnen, gehörte, wie alle Veränderungen, die der Ort- und Szenenwechsel mit sich brachte (z. B. das Herein- und Hinaustragen von Schlafenden, Verwundeten, Kranken und Toten, sowie von den zur Handlung gehörenden Gerätschaften) zu den Obliegenheiten der technischen Leitung und des ihr unterstellten Hilfspersonals, und die Weglassungen der darauf bezüglichen Bühnenweisungen, auf die man nach dem Texte zu schliessen berechtigt ist, zu den grundsätzlich beabsichtigten Weglassungen. Sie nehmen aber unter diesen (mit Ausnahme der des Hauptvorhangs) eine besondere Stellung ein. Sie sind nicht wie die übrigen „grundsätzlich beabsichtigten" Weglassungen immer nur für die technischen Leiter, sondern bisweilen zugleich, und dann meist in erster Linie, für einen und den andern der an der Darstellung beteiligten Schauspieler bestimmt. In diesem Falle durften sie n i c h t unterdrückt werden. Wo sie gleichwohl ausfielen, geschah es u n b e a b s i c h t i g t. So war es üblich am Schlusse der Trauerspiele, die etwa auf der Bühne liegenden Toten bei den Klängen eines Trauermarsches hinauszutragen. Es finden sich aber im ganzen nur zwei Bühnenweisungen, im „Coriolan" und im „Lear", dafür vor. In allen anderen Fällen dieser Art, trotz der auf der Bühne befindlichen Toten, nur die Angabe: „Exeunt", so in Julius Cæsar, Hamlet, Othello, Titus Andronicus, Antonius und Cleopatra pp.

Das Konventionelle der damaligen Dekoration erleichterte
aber nicht nur den Dichtern des nationalen Dramas den
Orts- und Szenenwechsel, es legte ihnen auch einigen Zwang
dabei auf. So scheint es Gepflogenheit der damaligen Bühne
gewesen zu sein, die am Schlusse einer Szene abgehenden
Personen in der nach Verlauf einer gewissen Zeit an einem
andern Ort spielenden nächsten nicht sofort wieder auftreten zu lassen. Man scheint gefürchtet zu haben, hierdurch den Glauben an das Darzustellende zu erschüttern.
Erschien es aber doch für die raschere Entwicklung der
Handlung geboten, so muss man für nötig gehalten haben,
wenigstens etwas dazwischen zu schieben, was die indessen
verflossene Zeit mit den sich in ihr vollzogen habenden Ereignissen, wenn auch nur andeutend, veranschaulichte.
So schaltete Shakespeare in derartigen Fällen bisweilen
kleine Szenen ein, die zwar selbst keinen Fortschritt der
Handlung bewirkten, jenen Zweck aber erfüllten. Als ein
solcher Notbehelf erscheint z. B. im „Lear" die zwischen
die 1. und 3. Szene des V. Aktes eingeschobene kleine
zweite. Am Schlusse der 1. Szene geht Edmund ab, um
gegen das französische Heer in die Schlacht zu ziehen, und
zu Anfang der 3. kehrt er siegreich aus dieser mit Lear und
Cordelia, als Gefangenen, zurück. Ohne die kleine Zwischenszene würde man über die Schnelligkeit des Erfolgs betroffen
gewesen sein. Sie enthält zwar nichts, was auf den Fortschritt der Handlung irgend einen Einfluss ausübt, sie deutet
ihn aber an, auf eine Weise jedoch, die diese Szene so recht
als Notbehelf kennzeichnet. Edgar hat seinen geblendeten
und erschöpften Vater glücklich bei einem Gastfreunde
untergebracht, um fähig zu sein, Albanien vor den Ränken
seines Weibes und seines Bruders zu warnen. Er hat sodann
die Verpflichtung übernommen, sich im Falle eines Siegs
der englischen Waffen als Kämpe gegen seinen Bruder zu
stellen. Daher es seiner Lage durchaus nicht entspricht,
den hinfälligen blinden Vater mit sich hinaus auf das Schlachtfeld zu nehmen. Doch war es dem Dichter mit dieser Szene

wohl noch darum zu tun, den alten Gloster, der in diesem Stücke als Gegensatz zu Lear eine so bedeutende Stellung einnimmt, vor seinem Tode dem Zuschauer noch einmal vorzuführen.

In der 6. Szene des III. Aktes von „Richard III." tritt ferner ein Schreiber auf, nur um auseinanderzusetzen, welcher Umtriebe sich Richard bedient hat, um der gewalttätigen Hinrichtung des Lord Hastings den Schein einer richterlichen Verurteilung zu geben, was auf die weitere Entwicklung des Stücks ohne Einfluss bleibt, wohl aber geeignet ist, die zwischen dem Abgang Richards am Schlusse der 5. Szene und seinem Auftreten zu Anfang der 7. Szene liegende Zeit zu veranschaulichen. Derselbe Grund hat in „Antonius und Cleopatra" zu der etwas ausgeführteren 3. Szene des IV. Aktes geführt. Antonius, von ahnungsvollen Gefühlen bewegt, geht am Abend vor der Schlacht am Schluss der 2. Szene ab, um in der 4. am nächsten Morgen zuerst wieder aufzutreten. Die dazwischen liegende 3. Szene enthält keinen Fortschritt der Handlung, bereitet auf ihn aber vor, indem sie die unheimliche Stimmung im Heere schildert, und veranschaulicht die dazwischen liegende Zeit.

Am deutlichsten lässt sich der Aushilfscharakter vielleicht in der 2. Szene des IV. Aktes von „Wie es euch gefällt" erkennen. Rosalinde geht am Schlusse der 1. Szene mit Celia ab, nachdem ihr Orlando versprochen hat, sie in zwei Stunden wieder treffen zu wollen. Sie tritt zu Anfang der 3. Szene mit Celia zuerst wieder auf, Orlando vergeblich erwartend, obschon die zwei Stunden vorüber sind. Dass die eingefügte 2. Szene nur den Zweck hat, die dazwischen liegende Zeit zu veranschaulichen, geht deutlich aus ihrem Inhalt hervor, der für den Fortschritt der Handlung, wie überhaupt für diese, von keiner Bedeutung ist. Jacques lässt sich hier nur ein Spottlied zu Ehren desjenigen vortragen, der bei der Jagd den Hirsch erlegt und dessen Geweih sich verdient hat.

In den „Lustigen Weibern von Windsor" gehen am Schlusse der 2. Szene des IV. Aktes Frau Fluth und Frau Page, nachdem sie ihre List glücklich durchgeführt haben, ab, und treten in der 4. Szene zuerst wieder auf. Inzwischen haben sie aber das Geschehene ihren Männern gebeichtet. Die Zwischenzeit, in der das geschah, sollte nun irgendwie veranschaulicht werden. Es wird durch die kleine 3. Szene bewirkt, in der die Übervorteilung des Wirts durch die Deutschen eingeleitet wird, die nicht nur ohne jeden Einfluss auf jene Verhältnisse, sondern zunächst auch auf den weiteren Fortgang der Handlung ist. Erst später wird der Ärger des geprellten Wirtes von Fenton benutzt, um mit dessen Hilfe die Entführung der Jungfer Page und seine Trauung mit ihr zu bewerkstelligen.

Selbst noch den kleinen Auftritt der Diener in Capulets Hause, Akt I, Sz. 5, bin ich geneigt, diesen Aushilfsszenen zuzuzählen. Nicht dass hier die zwischen dem Eintritt Romeos und seiner Freunde in Capulets Haus und ihrem Erscheinen beim Feste verstrichene kurze Zeit zu veranschaulichen gewesen wäre, wohl aber, weil es die Satzung der damaligen Bühne verlangte, dass die am Schluss einer Szene Abgegangenen nicht zuerst in der nächsten wieder auftraten. Auch bot es Gelegenheit, hinter dem hierbei zur Anwendung gebrachten Zwischenvorhang das Erscheinen des die neuen Ankömmlinge begrüssenden Capulet inmitten seiner eben vom Mahle aufgestandenen Gäste vorzubereiten. Es weist zwar auch hier, wie gewöhnlich, keine Bühnenweisung auf die Anwendung des Zwischenvorhangs hin, die dann schon am Schlusse der 3. Szene eingetreten sein müsste, die Worte des einen Dieners:

„Away with the joint-stools, remove the court-
cupboard" —

machen sie mir aber zur Gewissheit. Denn da auch für deren Herbeischaffung die Bühnenweisung fehlt, so werden sie wohl nur unbemerkt vom Zuschauer hinter dem Zwischenvorhang aufgestellt worden sein. Jedenfalls würde die Zweiteilung des Schauplatzes in dieser Szene besondere Vorteile dargeboten haben. Alle die Liebenden betreffenden Vor-

gänge konnten sich dann auf dem vorderen, kleineren Schauplatz, alle übrigen, so die Gespräche Capulets mit seinem
alten Vetter und mit Tybalt, auf dem hinteren abspielen,
was trotz der einfachen und ganz konventionellen Einrichtung und Ausstattung der Bühne doch Gelegenheit zu einer
Reihe sich wirkungsvoll voneinander abhebender und an-
mutig oder charakteristisch belebter Bilder dargeboten und
die Vorgänge höchst anschaulich und natürlich gemacht
hätte.

Wie es scheint, haben andere Dichter der Zeit sich des
eben besprochenen Hilfsmittels weniger oft als Shakespeare
bedient. Ich finde bei Marlowe nur zwei solcher Zwischen-
szenen, bei Webster kaum eine. und doch fehlt es bei ihnen
nicht an Gelegenheiten dazu. Die eine bei Marlowe ist aber
um so entscheidender dafür, dass er jene Satzung der Bühne
und dieses Hilfsmittel gut kannte. Es ist die 3. Szene des
I. Aktes von „Edward II." Canterbury ladet am Schlusse
der 2. Szene Lancaster, die beiden Mortimers und Warwick
nach Lambeth ein, um dort einer Verschwörung gegen
Gaveston beizutreten, worauf alle abgehen. Zu Anfang der
4. Szene sind sie aber hierzu schon alle in Lambeth versam-
melt. Ohne die 3. Szene würde dies verblüffend schnell gegangen sein. Der Aushilfscharakter dieser kleinen Szene
tritt in naivster Weise daraus hervor, da sie in weiter nichts
als einer kurzen an Kent gerichteten Rede Gavestons besteht,
in der dieser ihm mitteilt, dass die genannten Herren dieser
Einladung wirklich gefolgt sind:

Edmund, the mighty prince of Lancaster,
That has more earldoms than an ass can bear,
And both the Mortimers, two goodly men,
With Guy of Warwick, that redoubted knight,
Are gone towards Lambeth, there let them remain.

(Exeunt.)

Die zweite Szene, die ich bei Marlowe für eine solche
Aushilfsszene halte, ist die 7. des III. Aktes desselben Stücks.

Edward II. hat in der 6. Szene die Nachricht empfangen, dass seine Gattin mit den Mortimers und Sir John von Hennegau gegen ihn im Anzuge ist. Er geht hier zuletzt mit dem Entschlusse ab, seine Macht in Bristol zu sammeln, und in der 8. Szene tritt er zuerst wieder auf, um, von den Verschworenen bereits bei Bristol geschlagen, zu flüchten. Die 7. Szene dient nur dazu, die dazwischen liegende Zeit zu veranschaulichen, da sie zum Verständnis der Handlung ganz überflüssig ist. Die einzige derartige Zwischenszene, die ich mit einiger Sicherheit bei Webster gefunden habe, ist (nach Dodsley) die 6. Szene des V. Aktes von „The white devil or Vittoria Corombona". Sie vermittelt, dass Flamineo, der in der 5. Szene zuletzt abgeht, in der 7. zuerst wieder mit auftreten kann, ohne gegen die hier vorliegende Gepflogenheit der damaligen Bühne zu verstossen. Zwar soll diese Szene das Auftreten Lodovicos in der nächsten motivieren, nur geschieht es so dunkel, dass es kaum zu erkennen ist. Doch gab es noch andere Mittel, da, wo es die rasche Entwicklung der Handlung zu fordern schien, das sofortige Wiederauftreten der in der vorigen Szene nur eben Abgegangenen in der nächsten zu sichern und dabei doch die Verletzung jener Gepflogenheit zu umgehen. Als Nächstes schien es sich dafür anzubieten, nach dem Abgange dieser Personen, eine oder mehrere andere unter einem Vorwand zurückbleiben und noch ein paar Worte sagen zu lassen, ehe sie nachfolgten, oder ihrem Wiederauftreten in der nächsten Szene etwas vorauszuschicken, das, wie kurz es auch sein mochte, sie doch nicht als die zuerst wieder Auftretenden erscheinen liess. Je besser jenes Zurückbleiben und dieses Vorausschicken motiviert und je notwendiger das, was dabei gesprochen wird, für die weitere Entwicklung der Handlung ist, desto mehr wird der Aushilfscharakter dieser Veranstaltung verhüllt. Er tritt dagegen um so offener und deutlicher hervor, je weniger beides der Fall ist. Ein Beispiel für jenes bietet bei Shakespeare der Schluss des IV. Aktes von The merchant of Venice. Porzia und Nerissa gehen fast

am Schluss der 1. Szene ab, nachdem jene Bassanio vergeblich gebeten hat, ihr für die Rettung Antonios den Ring
an seinem Finger zu geben, den sie ihm erst selbst zum Ge-
schenk gemacht hat. Antonio, Bassanio und Graziano
bleiben zurück. Sie wechseln nur wenige Worte und gehen
dann ebenfalls ab, Graziano noch etwas früher als die anderen. Allein diese Worte sind für den weiteren Fortschritt
der Handlung geboten, denn Antonio verwendet sich darin
für Porzias Bitte und Bassanio wird hierdurch bestimmt,
ihr durch Graziano den erbetenen Ring doch noch zu schicken.
Porzia und Nerissa sind die ersten, die in der 2. Szene wieder
auftreten, sie sind aber nun nicht zuletzt mit abgegangen.
Ebensowenig Graziano, der auch hier nicht zuerst wieder
auftritt, obschon es gleich nach dem Auftreten der beiden
jungen Mädchen gschieht. Shakespeare hat sich noch mehr-
mals dieses Mittels bedient, um der gedachten Gepflogenheit zu genügen, doch nie wieder in so kunstvoller Weise,
wie hier, wo alles auf die glücklichste und dabei zwangloseste
Weise motiviert erscheint. So gehen fast am Schlusse der
1. Szene des V. Aktes von „Troilus and Cressida" Diomedes,
Ulysses und Troilus ab, nur Thersites bleibt zu einem Selbstgespräche zurück, das für den Fortschritt der Handlung
bedeutungslos ist, das sofortige Wiederauftreten des Diomedes in der nächsten Szene ohne Verletzung der hier vorliegenden Satzung aber ermöglicht. In der 4. Szene des
II. Aktes von „Cymbeline" bleiben Philario und Jachimo
am Schlusse hauptsächlich deshalb zurück, damit Posthumus, der vor ihnen abging, in der 5. Szene sofort wieder
auftreten kann. In der 4. Szene des IV. Aktes wechseln in
„Antony and Cleopatra" nach dem Abgange des Antonius
Cleopatra und Charmion nur deshalb noch einige unbedeu-
tende Worte, um das sofortige Auftreten des ersten in der
folgenden Szene zu vermitteln. Und in der 7. Szene des
II. Aktes geht in demselben Stücke dem Auftreten des Eno-
barbus und Menas (in Cæsars Gefolge), die in der vorigen
Szene zuletzt abgingen, aus gleichem Grunde ein Gespräch

der das Bankett vorrichtenden Diener voraus, das für den Fortschritt der Handlung bedeutungslos ist. Bei Webster tritt in solchen Fällen der Aushilfscharakter noch viel entschiedener hervor. So in der 1. Szene des II. Aktes von A cure for a cuckold, wo nach Annabels Abgang Rochfield ihr folgt, in der Absicht, sie zu verführen, und ein Diener, den sie nach ihrem Bräutigam ausgeschickt hat, ihr in der nächsten Szene vorauseilt, nur damit sie weder dort zuletzt abgeht, noch hier zuerst wieder auftritt. In Marlowes Tamburlaine the great I. 4. Szene des I. Aktes spricht Mycetes nach Tamburlaines Abgange zwei Zeilen, sichtbar nur, damit dieser in der nächsten Szene zuerst wieder auftreten kann, ohne gegen die hier vorliegende Gepflogenheit zu verstossen. Auch in Northward Hoe von Dekker und Webster bleiben nach Hazlitt (J. Webster's Works I. S. 240) Bellemont und die Musiker offenbar eine nur kurze Zeit noch aus gleichem Grunde in bezug auf Greenshield, Mayberrry und Fullmone, die eben abgingen, zurück. Wogegen das Selbstgespräch in derselben Autoren Westward hoe, das (nach Hazlitt, I. S. 110) Moll (Akt III, Sz. 1) nach ihres Gatten Abgange aus ähnlichem Grunde hält, ihrer Lage entspricht und zur Entwicklung ihres Charakters dient. — In Kriegsstücken, wo die Abgehenden nicht selten des raschen Fortschritts der Handlung wegen gleich darauf wieder auftreten, obschon sich inzwischen wichtige Ereignisse zugetragen haben sollen, wird die dafür nötig gewesene Zeit nicht selten durch Getümmel auf oder hinter der Szene in sinnenfälliger Weise angedeutet. Das kommt besonders bei Shakespeare vielfach zur Anwendung. So in „Antonius and Cleopatra' Akt IV zwischen der 7. und 8. Szene, in „King John" Akt III zwischen Szene 2 und 3, in „Julius Cæsar" Akt V zwischen Szene 2 und 3, in „Coriolan" Akt I Szene 9 etc. Auch in John Websters Sir Thomas Wyat findet es statt (s. Hazlitt, Webster's Works I. 46). Noch ein anderes Hilfsmittel. empfahl sich hier wegen der Leichtigkeit seiner Anwendung, daher man sich seiner auch vielfach bediente, nämlich der

Zwischenvorhang. Leider fehlen dafür alle Bühnenweisungen und müssen auch fehlen, weil seine Anwendung zu den Obliegenheiten der technischen Leiter der Vorstellung und ihres Hilfspersonals gehörte. Warum aber sollte man sich dieses bequemen und trefflichen Hilfsmittels, dessen mannigfaltige Brauchbarkeit man hinlänglich kannte, gerade hier wohl entschlagen haben? Lassen sich doch durch den Zwischenvorhang die beim sofortigen Wiederauftreten eben abgegangener Personen in der unmittelbar darauf folgenden Szene entstehenden Unzuträglichkeiten aufs befriedigendste beseitigen, da seine Anwendung den Wechsel des Orts und der Szene in sinnenfälligster Weise erkennbar macht. Fälle, in denen man sich dieses so naheliegenden Hilfsmittels ohne Zweifel bediente, kommen wahrscheinlich bei allen Dichtern der Zeit vor. Ich verweise davon hier bei Shakespeare nur auf die 3. Szene des V. Aktes von „Cymbeline", auf die 3. Szene des V. Aktes von „All's well that ends well", auf die 1., 2. und 3. Szene des II. Aktes von „Henry IV." 2. Teil und die 3. Szene des IV. und V. Aktes von „Julius Cæsar" — bei Marlowe auf die 2. Szene des I. Aktes von „Dido" und bei Webster auf die 3. Szene des II. Aktes von „The devil's lawcase", auf die 13. Szene (nach Hazlitt, a. a. O. I. 50) von „Sir Thomas Wyat". auf die 2. Szene des III. Aktes von „The Thracian wonder" und die 2. Szene des III. Aktes und die 4. Szene des V. Aktes von „The white devil". Doch will ich keineswegs behaupten, dass die Dichter der Zeit niemals gegen die hier vorliegende Gepflogenheit gefehlt hätten. Wohl aber geht aus dem Dargelegten überzeugend hervor, dass Shakespeare sich der hier verzeichneten Aushilfen besonders häufig bedient hat, was deutlich erkennen lässt, wie sehr er bemüht war, die zeitliche Folgerichtigkeit der Begebenheiten zu beobachten und zu veranschaulichen. Gleichwohl ist die Behauptung aufgestellt und von nicht Wenigen geteilt worden, dass er auch in bezug auf sie eine grosse Gleichgültigkeit an den Tag gelegt und gegen die Gesetze der Zeit mehrfach gefehlt habe. In der Tat bieten ein paar seiner Stücke auffällige zeitliche Widersprüche dar. Keines vielleicht mehr als Othello, der doch gerade wegen der darin dargelegten Kunst psychologischer Motivierung allgemein so bewundert wird. Schon die Tatsache, dass diese Widersprüche auf nur wenige seiner Dramen beschränkt blieben, alle übrigen aber frei davon sind, hätte davon abhalten sollen, jenen Grund dafür anzunehmen. Ebensowenig lassen sich diese Widersprüche aus fehlerhaften Bühnenweisungen oder aus deren Weglassung erklären. Wohl aber weist schon die Auffälligkeit, mit der sie hervortreten, auf fremde und zugleich spätere Einflüsse hin, da sie Shakespeares scharfem Auge sonst gewiss nicht entgangen und von ihm berichtigt worden sein würden. Dass solche Einflüsse wirklich bestanden, wurde schon von Malone erkannt. „Ein sorgfältiger Vergleich der Quartos und Folio," heisst es bei ihm im 9. Bande der Ausgabe von 1821, p. 403, „macht mich zu glauben geneigt, dass viele Abweichungen, die sich in letzterer vorfinden, nicht von Shakespeare selbst herrühren." Bestimmter noch hat sich darüber der englische Shakespeareforscher P. A. Daniel (New Shakespeare Society Transactions (1877—1879) Part II p. 231 in Time Analysis of Othello) mit Beziehung auf die in diesem Drama hervortretenden auffälligen zeitlichen Widersprüche ausgesprochen. „Eine lange Vertrautheit mit den Werken des Dichters (heisst es hier) hat mich überzeugt, und wird die meisten Forscher überzeugt haben, dass wir nicht mit Sicherheit behaupten können, irgend eines seiner Stücke in demselben Zustand erhalten zu haben, in dem sie aus seinen Händen hervorgingen. In einzelnen Fällen lässt sich die Fälschung und Verstümmelung zu Bühnenzwecken in überzeugender Weise dartun, und es ist sehr wohl möglich, dass in Othello einzelne Szenen weggelassen und andere miteinander in nur eine zusammengezogen worden sind, wodurch gewisse zeitliche Widersprüche entstanden sein mögen." Diese ganz richtige Bemerkung hat man durch den Einwand widerlegen zu können geglaubt, dass sich auf diese Weise alle Fehler, deren

Shakespeare sich schuldig gemacht, beseitigen liessen, was zwar richtig ist, aber nicht ausschliesst, dass im einzelnen Falle Daniels Vermutung doch zutrifft, daher es nötig gewesen wäre, durch eine darauf gerichtete gründliche Untersuchung dies von Fall zu Fall darzutun, was allerdings bis jetzt nicht geschehen ist. Ich habe das Versäumte, wenn auch bisher nur an zwei Stücken, an „Lear" und an „Othello". nachzuholen gesucht und an ihnen die Stellen ausfindig gemacht, die nicht wohl vom Dichter selbst herrühren können, weil sie in zu auffälligen Widersprüchen mit seiner übrigen Darstellung stehen. Unter diesen Widersprüchen befinden sich auch zeitliche, doch nur in Othello, und es hat sich ergeben, dass sie hiernach sämtlich auf Stellen von fremder Hand beruhen, seien es nun Zusätze und Einschaltungen oder szenische Zusammenziehungen. Es würde aber zu weit führen, dies hier im einzelnen zu entwickeln und festzustellen, da es sich eben nur an der Hand der Dichtungen selbst in gründlicher Weise dartun lässt. Doch ist es mir, trotz meines schon hohen Alters, vielleicht noch vergönnt, die darüber angestellten und in meinen Studien zu „Lear" und „Othello" enthaltenen Untersuchungen, auf die ich hierfür verweisen muss, noch selbst veröffentlichen zu können.

Nach allem, was ich aber hier in betreff der Einrichtungen, Hilfsmittel, Konventionen und Gepflogenheiten der Bühnen, für die Shakespeare seine Stücke geschrieben, und über die Art und den Umfang, in denen er sie darin zur Anwendung gebracht hat, darlegen konnte, geht überzeugend hervor, dass sie einen beachtenswerten Einfluss auf seine Kompositions- und Darstellungsweise ausgeübt haben, den man zu berücksichtigen hat, wenn man seine Stücke überall richtig beurteilen und nicht hier und da in Irrtümer geraten will.

Nachträge.

1. Zum Titelblatt. Ich halte an der Rechtschreibung des literarischen Namens fest, zu der der grosse Dichter durch „Venus und Adonis" und „Der Raub der Lucrezia" den Grund gelegt hat, die einzigen seiner poetischen Werke, an deren erster Ausgabe und ihrer Drucklegung er mit Sicherheit beteiligt gewesen ist. Bei keiner seiner Unterschriften dürfte er die Rechtschreibung seines Namens sorgfältiger erwogen haben, als bei denen, die sich unter den Widmungen dieser beiden Dichtungen befinden, von denen die spätere die frühere noch bestätigt. Wie es sich auch mit der Rechtschreibung seines bürgerlichen Namens verhält, die wohl nie zweifellos zu ermitteln sein wird, der literarische Name ist hierdurch für alle Zeit festgestellt und von seinen langjährigen Freunden, den Schauspielern Heminge und Condel und dem gelehrten Ben Jonson, in der ersten Gesamtausgabe der dramatischen Werke des Dichters von 1623 anerkannt worden. Er steht für alle Zeiten als ehrwürdiges Denkmal in der Geschichte des Dramas und der Weltliteratur da, und ich bedauere es tief, dass man immer wieder ganz ohne Not daran zu rütteln bemüht ist.

2. Zu S. 12. Schon im Jahre 1558—59 wurden nach Colliers Auszuge Strafgelder für Drucke erhoben, zu denen die Erlaubnis nicht eingeholt worden war. Es wird aber nicht immer klar, ob damit die Ermächtigung durch den Zensor, oder der Eintrag in die Bücher der Gilde gemeint ist. Letzteres aber ist das Wahrscheinlichere. Daneben finden sich aber auch Strafgelder für Drucke von Werken vor, die dem Drucker und Verleger nicht angehörten oder deren Druckrecht ihnen nicht zustand, so I. Teil S. 22 aus d. J. 1558—1559 der Eintrag:

> „Owyn Rogers, for printinge of half a reame of balletts of another mans copye by way of desceate, ys fined at XXd."

und I. Teil S. 110 aus den Jahren 1564—1565.

„Rd. of Alexander lacye, for his fyne, for that he had printed ballettes which was other men's copyes .. XIJd."

Bei folgendem Eintrag, I. Teil S. 58 aus den Jahren 1561—62

„Rd. of Thomas Hackett, for his fyne, for that he prynted a ballett of Tom longe the Caryer ...... IJ. s VJd." handelt es sich um einen Nachdruck, was auch von einem Eintrag aus d. J. 1566—67, I. Teil S. 166 gilt:

„Rd. of Henry Bynnyman, for his fyne, for undermydinge and procurynge, as moche as in hym did lye, a copye from william greffeth (Griffith) called the boke of Rogges" .... IIJs.

Es tritt nun in den Einträgen eine lange Pause für Strafgelder ein, was aber kein Beweis für den Mangel an Umgehungen der gesetzlichen Vorschriften ist. Es scheint sich vielmehr aus einer nachsichtigeren Behandlung solcher Umgehungen zu erklären. Die nun häufiger auftretenden Einträge by toleration sprechen dafür. Bis zum Februar 1580—81 findet sich weder ein Eintrag mit Vorbehalt, noch einer für bezahlte Strafgelder vor. Doch ist zu berücksichtigen, dass ein die Einträge vom Juli 1571 bis Juli 1576 enthaltendes Buch mit derartigen Einträgen verloren gegangen ist. Folgender Eintrag aus dem Februar 1580—81 im 2. Teile S. 138 ist wieder der erste der ersten Art:

„John Charleswood . Lycensed unto hym etc., a booke, intituled the Historie of Palmerin of Englande, upon condition that if there be anie thinge found in the booke when it is extant worthie of Reprehension, That then all the bookes shalbe put to waste and Brante."

Ein anderer derartiger Eintrag vom 24. August 1582—83 II. Teil S. 173 lautet:

„Tho. Easte. Licenced to him etc., the second parte of the mirror of knighthoode, to be translated into Englishe, and soe to be printed, conditionally not withstandinge that wheu the same is translated yt be brought to them to be perused, and yf any thinge be amisse therein to be amended .... VId."

Ähnliche Vorbehalte treten nun wieder öfter auf. So in dem Eintrag vom 6. Mai 1582—83 II. Teil S. 179:

„Henry Carre. Received of him for etc. a booke intituled A dream of the devill and dives, a l w a i e s provided that before he print he shall get the bishop of London his allowance to it."

Auch wird diese Erlaubnis, sowie die der wardens, wenn sie erbracht worden, nun öfter hervorgehoben, so unter dem 13. Juni 1582—83 II. Teil S. 181:

„Jo. Charlwood. Rd. of him, for printinge a booke intitled A defensative agt the poison of supposed prophesies. Alowed under the handes of the B. of London and the wardens" .... VJd.

Der Eintrag vom 6. April 1583—84 II. S. 188

„Tho. cadman. Yt is graunted unto him that if he can gett the commedie of Sappho (Lilys Sappho and Phao) lawfully alowed unto him, Then none of this companie shall Interrupt him to enjoye yt —"

bezieht sich vielleicht mit auf die Erlaubnis ihres Verfassers oder der Truppe, die das Stück darstellte.

Die Unterschrift eines der beiden oder beider Wardens (by warrant oder consent oder direction) scheint jetzt Vorschrift geworden zu sein. In dem die Werke Shakespeares betreffenden Auszuge Halliwells fehlt keinem Eintrage, mag er mit Vorbehalt oder vorbehaltlos erteilt worden sein, diese Hervorhebung. Nur bei der Übertragung des Druckrechts von einem Verleger auf den anderen fehlt sie bisweilen und wird durch den consent of a court oder a full court ersetzt, dem aber die Gegenwart eines oder beider Wardens nicht gefehlt haben kann.

Unter dem Eintrag aus den Jahren 1585—86 II. S. 209:

„Edward White. Received of him, for IIIJ bookes and IIIJ ballades ensuinge .... IIJs. IIIJd."

befindet sich der Vorbehalt:

„Viz. upon condition that they be his —"

und unter dem II. S. 211:

„Tho. Peerfoote Rd. of him, for printinge the old booke of Valentine and Osra .... VJd."

die andere:

„Alwaies provided the companie shall have them at his handes."

Einträge by toleration waren inzwischen wieder völlig verschwunden. Ein einziger vom 16. August 1586—87 II. S. 213 klingt an sie an:

„Edward White. Alowed unto Edward White for his copies these fyve ballades, so that they be tollerable XXd."

Eine strengere Beobachtung der gesetzlichen Vorschriften hatte eben schon damals wieder Platz gegriffen.

3. Zu S. 19. So verkürzt, verstümmelt und fehlerhaft die ersten Ausgaben von Romeo und Julia, Heinrich V. und Hamlet auch sind, so enthalten sie doch (wie schon bemerkt) viele längere Stellen, die sich fast wortgetreu mit denen späterer Ausgaben decken. Dieser Gegensatz lässt sich aber nicht aus der Nachschrift beim Hören und Sehen der Darstellung im Theater erklären. Ein Nachschreiber, der sich an vielen längeren Stellen so geübt erwiesen hatte, konnte unmöglich an anderen hierin so überaus hilflos gewesen sein. Besonders die Kürzungen stellen sich um so mehr als zu bestimmten Zwecken beabsichtigte dar, als dabei ein, wenn auch oft nur notdürftiger Zusammenhang erstrebt worden zu sein scheint und auch wirklich erzielt worden ist. Dies alles weist auf die Abschrift von irgend einem Bühnenbuch hin, wie sie anderen Einzeldrucken und den Stücken der ersten Folio zugrunde gelegen hat. Doch auch gewisse Einzelheiten lassen sich nur aus einer solchen Entstehungsweise jener ersten Einzelausgaben erklären. Von ihnen glaube ich den Übergang von der 4. zur 5. Szene des ersten Aktes von Romeo und Julia besonders hervorheben zu sollen, der allen mir vorliegenden drei Ausgaben fehlt, nach dem Texte jedoch an eben der Stelle stattfinden müsste, an der ihn spätere Herausgeber eingeführt haben. Am Schlusse der Unterredung Romeos mit seinen Freunden vor Capulets Hause gehen diese hiernach nicht, wie es der Text mit Bestimmtheit erwarten lässt, in dieses hinein, worauf eine Ortsveränderung und neue Szene zu erfolgen hätte, sondern bleiben scheinbar auf der Bühne zurück und die Szene spielt weiter, Und da in der ältesten Quarto das Gespräch mit den Dienern ausfällt, so tritt hier der alte Capulet sofort mit seinen Gästen zu Romeo und seinen Freunden auf die Strasse heraus, um sie zu bewillkommnen, wo nun das Fest mit seinen Ereignissen seinen weiteren Fortgang nimmt. Der sonst so scharf blickende Delius ist wirklich des Glaubens gewesen, dass die Szene so dargestellt worden ist, denn er sagt:

„Dass aber Romeo und seine Freunde auf der Bühne bleiben, dass also e i g e n t l i c h k e i n e n e u e S z e n e b e g i n n t, ergibt sich aus der nächstfolgenden alten Bühnenweisung: Enter all the guests and gentle women t o t h e m a s k e r s (die Ausgabe von 1597 sagt hier aber nur: Enter old Capulet and the ladies). Der Schreiber der dieser letzteren zugrunde liegenden Redaktion hat aber so etwas sicher niemals auf der altenglischen Bühne gesehen, die bei ihren

Darstellungen die Auftritte und Abgänge der Schauspieler sorgfältig beobachten musste. Seine Redaktion konnte daher auch nicht auf Nachschrift beim Hören und Sehen der Vorstellung im Theater beruhen, wohl aber auf der Abschrift von einem Bühnenbuche, von dem vieles eigenmächtig weggelassen wurde. Die von Steevens zum Abdrucke gebrachte Ausgabe des Stückes von 1609, so unvollständig und sinnverwirrend auch in ihr hier die Bühnenweisungen sind, gibt hierüber doch einigen Aufschluss. Nach Romeos Aufforderung, nun hinein in Capulets Haus zum Feste zu gehen, findet sich nämlich hier die Bühnenweisung:

„They march about the stage, and serving men come forth with their napkins.‘‘

Allein diese Bühnenweisung ist offenbar aus der Zusammenziehung zweier ganz verschiedener Bühnenweisungen entstanden, von denen die erste: „They march about the stage, and exeunt‘‘, die ihr Schlusswort verloren hat, noch zur 4. Szene, die zweite

„Serving men come forth with their napkins —‘‘
aber zu einer neuen, der fünften, folgenden Szene gehört. Zwischen beiden lag der nach dem Texte hier notwendige Orts- und Szenenwechsel, für den die Bühnenweisung hier wie überall in den Quartos vor 1623 unterdrückt worden ist. Obschon es auch nach jener verderbten Bühnenweisung aussieht, als ob die Freunde nicht in Capulets Haus hineingingen, sondern die Diener und später auch Capulet und die Gäste zu ihnen heraus auf die Strasse kämen und das Fest sich hier weiter entwickelte, so weist doch schon die unmittelbar folgende Bühnenweisung:

„Enter Romeo‘‘
darauf hin, dass wenigstens dieser abgegangen sein musste, um hier wieder auftreten zu können. Sie ist aber unvollständig und steht auch am falschen Platze. Romeo tritt nicht allein, er tritt mit den Freunden, aber erst bei den letzten Worten der Diener auf, die bei ihrem Erscheinen auseinanderstieben:

„Exeunt‘‘,
was sich eben nur auf sie bezieht. Dass dies an einem anderen Ort, nämlich in Capulets Hause, und nicht auf der Strasse geschieht, geht deutlich aus den Worten des einen Dieners hervor:

„Away with the Joynstooles, remove the courtcubbord —‘‘

Die Klappstühle und der Kredenztisch hätten sonst vorher auf die Strasse gebracht werden müssen, wofür aber natürlich die Bühnenweisung fehlt. Die Freunde sind also nicht auf der Strasse geblieben. Auch sie sind mit in Capulets Haus gegangen, um hier mit auftreten zu können, was wirklich geschehen sein muss, weil es aus der dem Abgang der Diener unmittelbar folgenden Bühnenweisung hervorgeht:

„Enter all the guests and gentlewomen t o t h e m a s k e r s.“

Sie ist wieder unvollständig, da darin weder des alten Capulet, noch seiner Tochter Erwähnung geschieht.

4. Zu S. 29: Dieses Bittschreiben befindet sich nach Halliwell (a. a. O. I. 304) unter den State Papers, Domest. Eliz. cclx. 116 (s. auch Collier, a. a. O. I. 227) und lautet:

To the right honorable the Lords and others of her Majesties most honorable Privy Council. „Humbly shewing and beseeching your honors, the inhabitants of the precinct of the Blackfryers, London, that whereas one Burbage hath lately bought certaine roomes in the same precinct neere adjoyning unto the dwelling houses of the right honorable the Lord Chamberlaine and the Lord of Hunsdon, which roomes the same Burbage is now altering and meaneth very shortly to convert and turne the same into a comon playhouse, which will grow to be a very great annoyance and trouble, not only to all the noblemen and gentlemen thereabout inhabiting, but allso to a generall inconvenience to all the inhabitants of the same precinct, both by reason of the great resort and gathering together of all manner of vagrant and lewde persons that, under cullor of resorting to the playes, will come thither and worke all manner of mischeefe, and allso to the greate pestring and filling up of the same precinct, yf it should please God to send any visitation of sicknesse as hertofore has been, for that the same precinct is allready grown very populous; and besides, that the same playhouse is so neere the Church that the noyse of the drummes and trumpetts will greatly disturbe and hinder both the ministers and parishioners in tyme of devine service and sermons; — In tender consideracion whereof, as allso for that there hath not at any tyme heretofore been used any comon playhouse within the same precinct, but that now all players being banished by the Lord Major fromplaying within the Cittie by reason of the great inconveniences and ill rule that followeth them, they now think to plant themselves in liberties; — That therefore it would please your honors to take order that the same roomes may be converted to some other use, and that no playhouse may be used or kept there; and your suppliants as most bounden shall and will dayly pray for your Lordships in all honor and happyness long to live". — (Folgen die Unterschriften.)

5. Zu Seite 30. Halliwell bemerkt zu dem Erlass vom 2. Januar 1618—19, der die Aufhebung des Blackfriartheaters anordnet: „From the original entry recording the proceedings of that day in a manuscript preserved in the City archives." Die sich auf die Bittschrift von 1596 beziehende Stelle darin hat folgenden Wortlaut:

„Item, this day was exhibited to the Court a peticion by the constables and other officers and inhabitants within the precinct of Blackfryers, London, therein declaring that in November, 1596, divers honorable persons and others, then inhabiting in the said precinct, made knowne to the Lordes and others of the Privy Councell what inconveniences were likely to fall upon them by a common playhowse then preparing to be erected there, and that their honors then forbad the use of the said howse for playes and in June, 1600 made certain orders by which, for many weighty reasons therein expressed, it is limited there should be only two playhowses tolerated, whereof the one to be on the Banckside, and the other in or neare Golding Lane, exempting thereby the Blackfryers; and that a lettre was then directed from their Lordships to the Lord Major and Justices, strictly requiringe of them to see those orders put in execucion and so to be continued etc.

6. Zu S. 35. Ich führe dafür nach Dodsley noch folgende an:

Anton and Melida von Marston 1602 mit der Angabe: as it was acted by the children of St. Paul's.

The Dutch Courtizan von Marston, 1605. As it was play'd in the Black Friars by the children of her Majesties Revels.

Parisitaster von Marston, 1606, as it was play'd in the Black Friars, by the children of the Queenes Majesties revels.

The wonder of Women von Marston, 1606, as it has beene sundry times acted at the Blacke friers.

All Fooles von Chapman, 1606. Presented at the Black Friers.

The conspiracie and Tragedie of Charles Duke of Byron von Chapman, 1608. Acted lately, in two plays at the Black-Friers.

Eastward Hoe von Chapman, Marston und Ben Jonson, 1605, by the children of her Majesties revels at the Black friers.

Monsieur d'Olive von Chapman, Marston und Ben Jonson, 1606, by the children of her Majesties revels at the Black friers.

Bussy d'Ambois, von Chapman, 1607, as it hath been often presented at Paules.

The Phoenix von Middleton, 1607, as it hath been sundry times acted by the children of Paul's.

Michael term von Middleton, 1608, as it has been sundry times acted by the children of Paul's.

The family of Love von Middleton, 1608, acted by the children of his Majesties revels.

A mad world von Middleton, 1608, as it hath been lately in action by the children of Paul's. (Man sieht' die Children of her Majesties revels werden zuweilen noch children of St. Paul's genannt.)

Collier führt unter anderen noch:

The case is altered von Ben Jonson an, ein Stück, das schon 1599 von den Kindern of the chapel gegeben worden sei, die auf dem Titelblatt der Quarto von 1609 als children of Blackfriars bezeichnet wären. Und 1600 hatten sie hier Ben Jonsons „Cinthias revels" gespielt.

7. Zu S. 39. Die sie betreffende Stelle lautet:

„Know ye, that we have appointed and authorized and by these presents doe authorize and appoint the said Edward Kirkham, Alexander Hawkins, Thomas Kondall and Robert Payne from tyme to tyme to provide, keep, and bring up a convenient nomber of Children, and them to practise and exercise in the qualitie of playing, by the name of Children of the Revells to the Queene within the Blackfryers in our Cittie of London, or in any other convenient place where they shall thinck fitt for that purpose."

8. Zu S. 42. Ich hebe die betreffende Stelle hier aus (Halliwell, a. a. O. S. 311):

And nowe, forasmuch as the said inhabitantes of the Blackfryers have in their said peticion complayned to this court that, contrairie to the said Lordes orders, the owner of the said playhowse within the Blackfryers under the name of a private howse hath converted the same to a publique playhowse, unto which there is daily so great resort of people, and so great multitudes of coaches, whereof many are hackney coaches, bringing people of all sortes that sometimes all their streetes cannot conteyne them, that they endanger one the other, breake downe stalles, throw downe mens goodes from their shopps, hinder the passage of the inhabitantes there to and from their howses, lett the bringing in of their necessary provisions, that the tradesmen and shoppkeepers cannot utter their wares, nor the passengers goe to the common water-staires without danger of their lives and lyms, whereby manye times quarrells and effusion of blood hath followed, and the minister and the people disturbed of the administracion of the Sacrament of Baptisme and publique prayers in the afternoones; whereupon, and after reading the said order and lettre of the Lordes shewed forth in the court by the said inhabitantes, and consideracion thereof taken, this Court doth thinke fitt and soe order that the said playhowse be suppressed, and that the players shall from henceforth forbeare and desist from playing in this howse, in respect of the manifold abuses and disorders complayned as aforesaid."

9. Zu S. 99. Ich will dafür als Beleg die fehlerhaften und unterdrückten Bühnenweisungen mit Ausschluss der grundsätzlich beabsichtigten Weglassungen anführen, die Shakespeares „Romeo und Julia" in der ersten Folio zeigen, und füge ihnen die wichtigsten Abweichungen an, die die Quartos von 1597 und 1609 hierin darbieten:

In Akt I, Szene 1 fehlt die Weisung, dass Gregorio den Dienern Montagues einen Esel bohrt. Nach der Rede des Prinzen heisst es fälschlich exeunt, da Montague, dessen Frau und Benvolio bleiben. Ebenso ungenau ist das Exeunt beim Weggange Montagues und seiner Frau, da hier Benvolio und Romeo nicht mit abgehen. Szene 2. Das Exit nach Capulets langer Rede ist unrichtig. Nicht nur er, auch Paris geht ab. Am Schlusse der Szene fehlt exeunt. Szene 4. Auch hier fehlt am Schlusse (wie ich oben schon zeigte) exeunt. Da über die teils unrichtigen, teils mangelhaften Bühnenweisungen beim Übergange zur 5. Szene und im Anfang derselben das Nötige schon inbetreff der Quartos von 1597 und 1609 im Nachtrag 3 gesagt worden ist, und die erste Folio hierin fast ganz der Quarto von 1609 gleicht, so verweise ich hinsichtlich ihrer auf ihn. Vor dem Weggange der Diener fehlt die Weisung für das Auftreten Romeos und seiner Freunde. Ebenso fehlt die für das Auftreten Julias, der Amme und Tybalts. Auch die für Romeo, Julia zu küssen (was einer Sitte der Zeit entsprach, siehe Othello Akt II, Szene 1) und die für das Auftreten Benvolios, und nach Capulets letzter Rede die für den Abgang aller, mit Ausnahme von Julia und der Amme.

Akt II, Szene 1 fehlt die Weisung für Romeo, über die Mauer zu steigen. Szene 2 die für das Erscheinen Julias auf dem Balkon, wobei sie „die Wange auf die Hand lehnen" soll, sowie die für ihr erstes Abgehen und Wiederkommen, für Romeos Fortgehen und Wiederkommen und für den schliesslichen Abgang Julias. Szene 4 fehlt exit für Romeo, Szene 6 am Schlusse exeunt.

Akt III, Szene 1 fehlt die Weisung, dass Mercutio und Tybalt die Degen ziehen und miteinander handgemein werden. Tybalt entfernt sich, nachdem er Mercutio verwundet hat, nicht, wie angegeben, allein, sondern mit seinen Anhängern. Es fehlt die Weisung für den Abgang des Pagen, der den Arzt holen soll. Mercutio geht nicht, wie angegeben, allein, sondern mit Benvolio ab, der ihn führt. Wie könnte sonst dieser zurückkommen? Am Schlusse der 2. Szene, in der, nach der Quarto von 1597, die Amme nicht wie in der Folio und der Quarto von 1609 mit Stricken, sondern mit einer Strickleiter kommt (Enter nurse wringing her hands, with the ladder of cordes in her lap) muss es am Schlusse für exit exeunt heissen, was nur die Quarto von 1597 richtig bringt. Auch in Szene 3 ist die Weisung dieser letzteren: „Nurse knockes" richtiger als die der Folio und der Quarto von 1609: „Enter nurse and knockes". Dagegen fehlt in der Quarto von 1597 die Weisung für das wirkliche Eintreten der Amme, die die beiden anderen Ausgaben noch einmal und nun richtig bringen. Es fehlt dann die Weisung für den Versuch Romeos, sich zu töten, die nur die Quarto von 1597 enthält: (he offers to stab himselfe and nurse snatches the dagger away). Auch geht hier die Amme richtig früher als Lorenzo ab; wogegen hier der

Abgang Lorenzos und Romeos fehlt. Die Folio und die Quarto von 1609 lassen alle drei zugleich abgehen. In der 4. Szene hat die Quarto von 1597 nach den Worten des Paris „Maddam farwell, commend me to your daughter" ganz richtig die Weisung: Paris offers to goe in (wohl away) and Capolet calles him againe, die die beiden anderen Ausgaben nicht haben. Allen drei fehlt die Weisung für den richtigen Abgang des Grafen, der eher als die Capulets abgeht, sie lassen am Schlusse alle zusammen abgehen. Die 5. Szene findet zweifellos auf der oberen Hinterbühne statt. Die Folio und die Quarto von 1609 deuten es gleichmässig mit aloft, die Quarto von 1597 mit at the window an. Letzterer muss diese Szene (wohl auch das ganze Stück) in einer etwas anderen Fassung vorgelegen haben, da hier die Amme nicht wie in den beiden anderen Ausgaben schon nach den Worten Romeos: „More light and light, more darke and darke our wocs" — und mit der falschen Bühnenweisung „Enter M a d a m e a n d nurse", eintritt, sondern erst nachdem die Liebenden sich getrennt haben, dann aber r i c h t i g a l l e i n. Wahrscheinlich soll die Amme, nachdem sie Julia ihre Warnung zugeraunt hat, sogleich wieder abgehen. Die beiden späteren Ausgaben haben dafür keine Weisung, die Quarto von 1597 aber folgende: „She goeth downe from the windowe". Es ist damit aber jedenfalls Julia gemeint; worauf wahrscheinlich ein Szenenwechsel eintrat und das Weitere unten auf dem Hauptschauplatze vor sich ging, der nun das Empfangszimmer der Mutter darzustellen hatte. Denn hier tritt die Mutter m i t der Amme und der Frage auf: „Where are you, daugther?", weil sie diese nicht sieht und die Amme ruft, wie es scheint, zur Türe hinaus: „What ladie, lambe, what Juliet!" Wogegen die beiden anderen Ausgaben diesen Ruf der Amme nicht zeigen, die Mutter vielmehr allein auf- tritt und an die hier a n w e s e n d e Tochter die Frage richtet: „Ho, daughter, are you up?" Und während in der ersten Quarto Julias, offenbar von aussen kommende Frage: „How now, who calls?" von der Amme beantwortet wird, beantwortet die hier anwesende Tochter sie selbst durch

„Is she not downe so late or up so early?
What unaccustomed cause procures her hither?"

daher nach der Fassung der beiden späteren Ausgaben keine Teilung der Szene, kein Szenenwechsel stattfindet, sondern auch alles Weitere auf dem oberen Schauplatz vor sich geht und das Wiederauftreten der Amme (s i e m u s s a l s o

fortgegangen sein) erst mit dem Auftreten des
alten Capulet erfolgt: Enter Capulet and nurse.

IV. Akt. Der 2. Szene fehlt in der Folio die Weisung
für den Abgang des Dieners. Obschon weder die Folio, noch
die Quartos eine Andeutung enthalten, dass die 3. Szene
wieder oben stattfinden soll, so ist es doch aus verschiedenen
Gründen wahrscheinlich. Statt exeunt muss es beim Abgang der Mutter exeunt mother and nurse heissen. Am
Schlusse der Szene fehlt der Folio, wie der Quarto von 1609,
die Weisung, die die Quarto von 1597 im wesentlichen richtig
enthält: „She falls upon her bed within the curtains". Dies
kann sich auf die Vorhänge des Bettes; wenn die Szene oben
spielte, aber auch auf die der oberen Hinterbühne beziehen,
die sich nun schliessen müssten, um den darauf folgenden
Orts- und Szenenwechsel mit zu veranschaulichen. Die darauf folgende 4. Szene spielt sicher auf dem Hauptschauplatze.
Die erste Rede der Mutter weicht in der Quarto von 1597
nicht unwesentlich von der der Folio und der₂Quarto von
1609 ab. Die Amme tritt in der ersten Quarto with herbs
auf, wahrscheinlich mit Beziehung auf die spätere Bühnenweisung, nach der die die scheintote Julia Verlassenden Ros-
marin auf sie streuen (casting rosmary), was beides den beiden
anderen Ausgaben fehlt. Die in dieser Szene enthaltene
Bühnenweisung: „Play Musicke" fehlt der ersten Quarto, in
den anderen Ausgaben kommt sie etwas zu früh. Es fehlt
die für das Abgehen der Amme und die für das Abgehen des
alten Capulet nötige Bühnenweisung. Sicher fand nach
letzterem wieder ein Orts- und Szenenwechsel statt, mochte
nun Julia oben oder unten scheintot im Bette liegen. Für
den Eintritt der Amme bei ihr fehlt in allen drei Ausgaben
die Weisung; in der Quarto von 1609 auch die für den Eintritt der Mutter. Diese ganze Szene weicht vielfach in der
Quarto von 1597 von den anderen Ausgaben ab. Nach den
Worten Lorenzos: „Move them no more by crossing their
high will", die ersterer fehlen, muss es nicht exeunt, manet
(manent musici), sondern, wie dort, nach Lorenzos Worten:
„Let us together taste this bitter fate", „They all but the
nurse goe forth, casting rosemary on her and shutting the
curtins" heissen, denn die Musiker sind noch nicht da und
die Amme bleibt noch. Erst jetzt treten in der ersten Quarto
die Musiker herein und werden von der Amme zurückge-
wiesen, was beides den beiden anderen Ausgaben fehlt. In
diesen sind die Musiker ohne jede Bühnenweisung plötzlich

da. Das Exeunt nach der letzten Rede der Amme ist unrichtig. Nur diese geht ab, was die erste Quarto richtig bringt. Auch das Exit in den beiden späteren Ausgaben am Schlusse der Szene ist falsch. Die erste Quarto hat hier wieder richtig exeunt.

A k t V. Vor Szene 3 muss der Zwischenvorhang sicher zur Anwendung gebracht worden sein, damit unbemerkt vom Zuschauer die Gruftszene dahinter angeordnet werden konnte, da keine Bühnenweisung darauf hindeutet, und zwar in allen drei mir vorliegenden Ausgaben, dass es vor den Augen der Zuschauer geschehen soll, was auch sehr störend gewesen sein würde. Für das Auftreten des Grafen Paris ist die Bühnenweisung der Ausgabe von 1597 noch am eingehendsten: „Enter Countie Paris and his page with flowers and sweet water" und „Paris strewes the tomb with flowers"; die beiden späteren Ausgaben haben nur: Enter Paris and his page. Keine von diesen drei Ausgaben weist darauf hin, dass es wie das zunächst folgende aloft oder above vor sich geht. Es erhellt aber aus dem Texte. Das „Stand aloft!" (bleibe oben), das Paris in der Folio dem Pagen zuruft, ist aber nicht dafür massgebend, da es auf einem Schreib- oder Druckfehler beruht, denn Paris will hier noch gar nicht in die Gruft hinabsteigen. Die Quarto von 1609 bringt hier allein die richtige Lesart: „Stand aloofe!" (Tritt weiter weg!) Dagegen gibt Romeo in allen drei Ausgaben übereinstimmend zu erkennen, dass er in dieses Todesbett h i n a b s t e i g e n will: „Why I descend into this bed of death" und redet, indem er die Gruft gewaltsam öffnet, diese dementsprechend mit den Worten an: „O du verhasster S c h l u n d , du B a u c h des Todes! (Thou detestable maw, thou womb of death —") Malone nimmt zwar ebenfalls an, dass Romeo in die Gruft hinabsteigt und der Kirchhof über ihr liegt, nur ist er der irrigen Meinung, dieser befinde sich unten auf dem Hauptschauplatz und die darunter befindliche Gruft werde dem Zuschauer überhaupt gar nicht sichtbar. Vielmehr soll Romeo, nach ihm, durch eine Versenkung*) in die Gruft hinabsteigen und

---

*) Allerdings aber hatte die Shakespearesche Bühne Versenkungen. Es geht u. a. aus dem Texte der ersten Szene des 4. Aktes von Macbeth hervor, wonach der Kessel der Hexen versinkt. Auch bei Ophelias Grab im Hamlet musste eine Versenkung zur Anwendung kommen, da die Totengräber darin stehen und Erde, Knochen und Yorricks Schädel aus ihr herauswerfen sollen und Laertes und Hamlet hineinspringen und handgemein werden. Es ist ferner fraglich, ob der Geist von Hamlets Vater beim

die scheintote Julia heraufbringen, um sich vor den Augen der Zuschauer neben ihr töten zu können. (!) Shakespeare würde seinem Liebeshelden weder einen so theatralischen Zug geliehen, noch ihm einen so gewaltsamen Eingriff in die geheiligte Ruhe der Toten angesonnen haben. Es spricht auch weder in den Bühnenweisungen, noch im Texte irgend etwas zur Unterstützung dieser seltsamen Ansicht, wohl aber alles dagegen, wofür ich mich nur auf die Worte der vom Scheintode erwachenden Julia berufen will:

> I do remember well, where I s h o u l d b e
> A n d h e r e I a m!

Die Folio hat überhaupt vom Augenblicke an, in dem Romeo den Zugang zur Gruft öffnet, fast keine Bühnenweisungen mehr. Wir erfahren weder durch sie, dass er mit Paris handgemein wird und diesen ersticht, noch dass er, wie er es ihm angelobt hat, seine Leiche an die Seite Julias legt, noch dass diese hier aufgebahrt neben dem Sarge des von Romeo getöteten Tybalt liegt, noch dass er das Gift des Apothekers trinkt und dann stirbt. Auch die Quarto von 1609 entbehrt alle diese für die Schauspieler doch so nötigen Weisungen. Die von 1597 enthält wenigstens die Angaben „He (Romeo) opens the tombe" und „They (Romeo und Paris) fight", sowie, als Romeo schliesslich zusammenbricht, die dürftige Weisung: „Falls". Nach dem, was Lorenzo hier

---

Scheiden im ersten Akt nicht in die Erde versinkt, da Shakespeare ihn später sein „Schwört!" von hier unten aus rufen lässt. In Macbeth kommt Banquos Geist beim Gastmahl wie als Gast herein und setzt sich auf Macbeths freigelassenen Platz. Es ist aber wahrscheinlich, dass, als er verschwindet, er in die Erde versinkt und aus ihr, als er wiederkommt, aufsteigt und wieder versinkt. Auch dürfte bei Bühnenweisungen, bei denen statt des Ausdrucks „exit" oder „exeunt" der Ausdruck „vanishes" und „vanish" oder „disappears" und „disappear" gebraucht ist, damit das Versinken in die Erde gemeint sein. Wogegen in Greenes Alphonsus (nach Dyce, a. a. O. 235) die Bühnenweisung bei Calchas, von Medea beschworen, unverkennbar lautet: „rises up and sinks down, where he came up", sowie in A Looking Glass for London and England von Lodge und Greene (nach Dyce, a. a. O. 123): „The magi with their rods beat the ground and from uuder the same rises a brave arbour" und in Greenes Friar Bacon nnd Friar Bungay (nach Dyce, a. a. O. 162): „Here Bungay conjures, and the tree appears with the dragon shooting fire". Ferner heisst es in Peeles Arraignement of Paris (nach Dyce, a. a. O. 358): „A tree of gold rises, laden with diadems and crowns of gold", und in dessen „Edward I." (S. 408):„ The earth opens and swallows her (queen Elinor) up", sowie in Ben Jonsons Poetaster nach Collier: „Envy arises in the midst of the stage„und in Marstons „Revenge": „Balurdso enters from under the stage".

sagt, sollte man glauben, der Kampf zwischen Romeo und Paris müsste erst unten, in der Gruft, stattgefunden haben. Es fehlen jedoch bestimmte Weisungen dafür. Die Quarto von 1597 enthält nur die Angaben: „Fryer stoops and lookes on the blood and weapons" und „Juliet rises". die den beiden späteren Ausgaben ebenfalls fehlen, wie der Quarto von 1609 die Weisung, dass Julia sich ersticht und stirbt. Die Quarto von 1597 hat sie vollständig: „She stabs herself and falls"; die Folio nur: „Kils herselfe". Die Quarto von 1597 hat also bei all ihrer Verstümmelung vielfach die vollständigeren, richtigeren und genaueren Bühnenweisungen.

10. Zu S. 104. Es darf auch nicht übersehen werden, dass letzteres seine Vorteile hatte. Die feste Anlage des hinteren Schauplatzes und seine Erhöhung um eine oder zwei Stufen würde es z. B. nicht zugelassen haben, bald den vorderen, bald den hinteren Schauplatz als den grösseren von beiden erscheinen zu lassen. Doch auch bei der Benützung des ganzen, ungeteilten Schauplatzes der Bühne würden diese Stufen ein Hindernis gewesen sein.

11. Zu S. 105. Wie Shakespeare hierüber gedacht hat, geht aus dem Prologe zu Heinrich V. hervor:

O ein Feuermuse, die hinan
Den hellsten Himmel der Erfindung stiege!
Ein Reich der Bühne, Prinzen drauf zu spielen,
Monarchen, um der Szene Pomp zu schau'n!
Dann käm', sich selbst nur gleich, der tapfre Heinrich
In Marsgestalt; wie Hund, an seinen Fersen
Gekoppelt, würden Hunger, Feu'r und Schwert
Um Dienst sich schmiegen. Doch verzeiht, ihr Teuren,
Dem schwunglos seichten Geiste, der's gewagt,
Auf dies unwürdige Gerüst zu bringen
Solch' grossen Vorwurf. Diese Hahnengrube,
Fasst sie die Ebnen Frankreichs? stopft man wohl
In dieses O von Holz die Helme nur,
Wovor bei Azincourt die Luft erbebt?
O so verzeiht, weil ja im engen Raum
Ein krummer Zug für Millionen zeugt;
Und lasst uns, Nullen dieser grossen Summe,
Auf eure einbildsamen Kräfte wirken.

12. Zu S. 2—17. Einträge aus dem Register der Londoner Buchdrucker- und Buchhändlergilde nach Halliwell-

Philipps Auszug (a. a. O. I. 331), soweit es zum Belege des im Text darüber Gesagten nötig erschien.

1593. XVIIJo Aprilis. Richard Feild. — Entred for his copie, vnder thandes of the Archbisshop of Cant, and Mr. Warden Stirrop, a book intituled Venus and Adonis. — Assigned over to Mr. Harrison sen, 25 Junij. 1594. The last paragraph is a marginal note inserted at or near the latter date.

1593—4. — VJto die Februarij. — John Danter. — Entred for his copye, vnder thandes of bothe the wardens, a booke intituled a Noble Roman Historye of Tytus Andronicus.

1593—4. XIJ° Marcij. — Thomas Myllington. Entred for his copie, vnder the handes of bothe the wardens, a booke intituled the first parte of the contention of the twoo famous houses of york and Lancaster, with the death of the good Duke Humfrey, and the banishement and deathe of the duke of Suff: and the tragicall ende of the prowd Cardinall of winchester, with the notable rebellion of Jack Cade and the duke of yorkes first clayme vnto the crowne.

1596. — 25 Junij. — William Leeke. — Assigned over vnto him for his copie from Mr. Harrison thelder, in full court holden this day, by the said Mr. Harrisons consent, a booke called Venus and Adonis.

1597. — 29° Augusti. — Andrew Wise. — Entred for his copie, vnder thandes of Mr. Barlowe and Mr. Warden Man, The Tragedye of Richard the Second.

1597. — 20 Octobr. — Andrew Wise. — Entred for his copie, vnder thandes of Mr. Barlowe and Mr. warden Man, The tragedie of kinge Richard the Third, with the death of the duke of Clarence.

1597—98. — 1597. Annoque R. R. Eliz: 40° XXVto die Februarij. — Andrew Wyse. — Entred for his copie, vnder thandes of Mr. Dix and Mr. Warden Man, a booke intituled The historye of Henry the IIIJth with his battaile at Shrewsburye against Henry Hottspurre of the Northe, with the conceipted mirthe of Sir John Falstoff.

1598. — Anno 40mo Regine Elisabethe, XXIJ° Julij. — s. S. 12.

1600. — 4 Augusti. — As you like yt; a booke; Henry the Fift, a booke; The Commedie of Muche A doo about nothinge, a booke — to be staied. (In the original the last three words are on the side of a bracket, denoting that they refer to all the plays here mentioned.)

1600. — 14 Augusti. — Thomas Pavyer. — Entred for his copyes, by direction of Mr. White, warden, vnder his hand wrytinge, These copyes followinge, beinge thinges formerlye printed and sett over to the sayd Thomas Pavyer, viz .... The historye of Henrye the Vth with the battell of Agencourt.

1600. — 23 Augusti. — Andrewe Wyse; William Aspley. — Entred for their copies vnder the handes of the wardens, twoo bookes, the one called Muche adoo about Nothinge, thoter the second parte of the history of Kinge Henry the IIIJth, with the humors of Sir John Fallstaff, wrytten by Mr. Shakespere.

1600. — 8 Octobr. Tho Fysher. — Entred for his copie, vnder the handes of Mr. Rodes and the wardens, A booke called A mydsommer nightes dreame.

1600. — 28 Octobr. — Tho. Haies. — Entred for his copie, vnder the handes of the wardens and by consent of Mr. Robertes, A booke called the booke of the Merchant of Venyce.

1601—2. — 18 Januarij. — Jo. Busby. — Entred for his copie vnder the hand of Mr. Seton,*) a booke called, An excellent and pleasant conceited commedie of Sir Jo. Faulstof and the merry wijves of windsor. (Immediately after this under the same day is the following entry:) Arthure Johnson. — Entred for his copye, by assignement from John Busbye, A booke called an excellent and pleasant conceyted Comedie of Sir John Faulstafe and the merye wyves of windsor.

1602. — 44 Re. 19 April. — Tho. Pavier. — Entred for his copies, by assignement from Thomas Millington, these bookes followinge, salvo jure cujuscunque, viz, The first and second parte of Henry the VIt, ij. bookes; a booke called Titus and Andronikus. Entred by warrant vnder Mr. Setons hand.

1602. — XXVJto Julij. — James Robertes. — Entred for his Copie, vnder the handes of Mr. Pasfeild and Mr. Waterson, warden, A booke called the Revenge of Hamlett Prince Denmarke, as yt was latelie Acted by the Lo: Chamberleyn his servantes.

1602—3. — 7 Febr. — Mr. Robertes. — Entred for his copie in full Court holden this day, to print when he has gotten

---

*) Mr. Seton war einer der Wardens.

sufficient authority for yt, The booke of Troilus and Cre-
sedda*) as yt is acted by my Lord Chamberlens men.

1603. — I. Regis Ja., 25 Junij. — s. S. 15.

1606—7. — 22 Januar. — Mr. Linge. — Entred for his
copies, by direction of a Court, and with consent of Mr. Burby
vnder his handwryting, These IIJ copies, viz., Romeo and
Juliett, Loves Labour Loste, The taminge of a Shrewe.**)

1607. — 5to Regis, 19 Novembr. — Jo. Smythick. —
Entred for his copies, vnder thandes of the wardens, these
bookes folowing whiche dyd belonge to Nicholas Lynge, viz.,
a booke called Hamlett; Romeo and Julett; Loves labour
lost.

1607. — 5 Regis 26 Nov. — Na. Butter; Jo. Busby. —
Entred for theer copie, vnder thandes of Sir Geo. Buck,
knight, and thwardens, a book called Mr. William Shakespeare
his historye of Kinge Lear, as yt was played before the Kinges
majestie at Whitehall vppon St. Stephans night at Christmas
last, by his majesties servantes playinge usually at the globe
on the Banksyde.

1608. — 6to regis Jacobi, 2do die Maij. — Mr. Pavyer.
— Entered for his copie, vnder thandes of Mr. Wilson and
Mr. Warden Seton, A booke called A. Yorkshire Tragedy***)
written by Wylliam Shakespere.

1608. — 20 May. — Edw. Blount. — Entred for his
copie, vnder thandes of Sir Geo. Buck, knight, and Mr. Warden Seton, a booke called, The booke of Perycles prynce of
Tyre†) (Under the same day is the following entry:) Edw.
Blunt. — Entred also for his copie, by the like aucthoritie,
a booke called Anthony and Cleopatra.

1608—9. — 28mo Januarij. — Ri. Bonion; Henry Walleys.
—Entred for their copy vnder thandes of Mr. Segar, deputy
to Sir George Bucke and Mr. Warden Lownes, a booke called
The history of Troilus and Cressula.

1609. — 20 May. — Tho. Thorpe. — Entred for his copie
under the handes of Mr. Wilson and Mr. Lownes, warden, a
Booke called Shakespeares sonnettes.

---

*) Dies ist wahrscheinlich ein älteres, nicht von Shakespeare her-
rührendes Stück.

**) Dies ist das ältere Stück, von dem es zweifelhaft ist, ob es von
Shakespeare, oder einem anderen Dichter herrührt.

***) Ist nicht in die erste Folio aufgenommen.

†) Ebenfalls nicht.

1619—20. — 8⁰ Martij, 1619. — John Parker. — Assigned over vnto him, with the consent of Mr. Barrett and order of a full Court holden this day, all his right in Venus and Adonis.

1621. — 6⁰ Octobris 1621. — Tho: Walkley. — Entred for his copie, vnder the handes of Sir George Buck and Mr. Swinhowe, warden, The Tragedie of Othello the moore of Venice.

1623. — 8⁰ Novembris, 1623. Rr. Jac. 210 — s. S. 17.

13 zu S. 60. Die „Comedy of errors" enthält nicht nur vor dem I., sondern auch vor dem III., IV. und V. Akte die Angabe „Scena prima". Die „Taming of the shrew" zeigt sie ausser vor dem I., auch vor dem IV. Akte. Dem II. Akte fehlt sogar die Angabe: „Actus secundus". „Loves labour's lost", „A midsummernights dream" und „The merchant of Venice" entbehren bei durchgeführter Akteinteilung, wie vor allen übrigen Akten, selbst noch vor dem ersten Akte, die hier sonst in der Folio zu beobachtende Angabe: „Scena prima". „King John," bei dem überhaupt die Akt- und Sceneneinteilung sehr fehlerhaft, entbehrt sie vor dem II. Akte. „Henry IV. I. hat nur im III. und IV. Akte durchgeführte Szeneneinteilung, vor dem I. und II. nur die Angabe „Scena prima".

Berichtigungen.

Zu S. 16. Hier heisst es Zeile 6 von oben: „Wogegen es sehr gut möglich war, dass zu diesen Beschlüssen die Zustimmung der Besitzer der in Frage stehenden Stücke noch vorher eingeholt werden musste, da es die sicherste Gewähr für den schon von alters her erforderlichen Nachweis des dem Verleger zustehenden Eigentums oder Druckrechts gewesen wäre." Dies würde richtig sein, wenn sich in dem in Rede stehenden Falle die Schauspieler des Königs noch im Besitze des Druck- und Verlagsrechts der verzeichneten Stücke befunden hätten. Es war aber von ihnen nach den Einträgen vom 29. August 1597, vom 20. Oktober 1597 und vom 25. Februar 1597—1598 auf Andr. Wise übertragen worden, der es nun eben seinerseits am 25. Juni 1603 auf Matth. Lawe übertrug. Gleichwohl war es möglich, dass sie sich für den Fall der Übertragung von einem Verleger auf den andern das Zustimmungsrecht vorbehalten hat, nur liegt hier kein weiterer Beleg dafür vor. Wohl aber geht aus verschiedenen Einträgen, denen vom 28. Oktober 1600, vom 18. Januar 1601—1602, vom 19. April 1600, vom 25. Juni 1603, vom 22. Januar 1606—1607, vom 1. März 1603—1604, vom 16. Februar 1616—1617 und vom 8. März 1619—1620 hervor, dass zu derartigen Übertragungen die Zustimmung des dermaligen Besitzers erforderlich war, da sie darin ausdrücklich hervorgehoben erscheint, wenn diese Hervorhebung auch gelegentlich übergangen wurde, wie in den Einträgen vom 19. November 1607 und vom 8. Juli 1619, weil jene Zustimmung schon durch die Wardens verbürgt war. Dies lässt mit Sicherheit annehmen, dass auch der erste Verleger eines Stücks einen Eintrag in die Bücher der Buchdrucker- und Buchhändlergilde nur unter ausdrücklicher Zustimmung des damaligen Besitzers des Druck- und Verlagsrechts, hier der Lord Kammerherrn-Truppe, der späteren Schauspieler des Königs, bewirken konnte, wenn sie auch nicht in den Einträgen besonders hervorgehoben erscheint, mag sie nun durch sie selbst oder durch den Lord Kammerherrn erfolgt sein.

Inhaltsverzeichnis.

Nachträge.

Lightning Source UK Ltd.
Milton Keynes UK
UKHW010635161218
333983UK00010B/1045/P